Claudio CANEPA

"LA RISERVA DI GIURISDIZIONE ECCLESIASTICA IN MATERIA MATRIMONIALE"

Youcanprint

Titolo |La riserva di giurisdizione ecclesiastica in materia matrimoniale
Autore | Claudio Canepa

ISBN | 978-88-31614-52-8

Youcanprint
Via Marco Biagi 6, 73100 Lecce
www.youcanprint.it
info@youcanprint.it

Indice

Prefazione

Quale ragione può indurre ad affrontare una problematica così complessa e dibattuta come quella della riserva di giurisdizione dei Tribunali ecclesiastici sulla materia del matrimonio?

Difficile trovare una risposta che non sia quella di soddisfare, in qualche modo, una curiosità di sapere giuridico che abbraccia due ordinamenti così importanti come quello dello Stato Italiano e quello della Chiesa Cattolica, entrambi ugualmente coinvolti nel processo di studio e di commento dell'istituto della riserva esclusiva di giurisdizione.

L'istituto in esame affonda le proprie radici, come vedremo, in entrambi questi ordinamenti, che si vengono a trovare spesso in posizione contrapposta per le situazioni di dualismo createsi e consolidatesi nel corso dei secoli.

Il Cristianesimo, infatti, fin dalla sua nascita ha introdotto nella storia il dualismo tra "spirituale e temporale", autorità politica ed autorità ecclesiastica.

Nell'antichità, nell'età classica in particolare, le istituzioni statali e le istituzioni religiose erano un unicum indivisibile, nell'età imperiale la ragione politica influenzò particolarmente la religione, fino ad introdurre il culto dell'imperatore, che raggiunse il culmine con Augusto, con l'elevazione dell'imperator agli onori divini.

Ebbene, il Cristianesimo ebbe il merito di rompere definitivamente questa identità ed unicità tra stato e religione attraverso il concetto di separazione ed autonomia fra le due autorità, fra i due ordinamenti, che si può affermare abbia trovato la consacrazione nelle parole di Gesù "date a Cesare quel che è di Cesare ed a Dio quel che è di Dio".

Si vengono a creare, quindi, aree di competenza politica ed un'area in cui si inseriscono rapporti di tipo meramente spirituale, riservati alla coscienza dell'uomo ed alla legge divina.

La storia dei rapporti tra Stato e Chiesa, nell'esperienza cristiana, è caratterizzata dalla concezione dualistica dei poteri, da una parte il potere temporale, dall'altra il potere spirituale, entrambi indipendenti e sovrani nel loro rispettivo ambito[1].

Questo concetto dualistico giunge inalterato fino ai giorni nostri, per essere riprodotto negli Accordi di Villa Madama del 1984, dove si afferma che "la Repubblica Italiana e la Santa Sede sono, ciascuno nel proprio ordine, indipendenti e sovrani, impegnandosi al pieno rispetto di tale principio nei loro rapporti ed alla reciproca collaborazione per la promozione dell'uomo ed il bene del Paese".

Mantenendo fermo il concetto di dualismo sopra enunciato, occorre evidenziare che si è giunti a questa formulazione dei rapporti tra Stato e Chiesa per due ragioni fondamentali.

La prima è l'avvento della Carta Costituzionale dello Stato Italiano, con il suo principio di laicità e di salvaguardia della libertà di culto, la seconda è rappresentata dagli esiti del Concilio Vaticano II, che in quattro documenti (costituzione "Lumen Gentium", costituzione "Gaudium et spes", decreto "Christus Dominus", dichiarazione "Dignitatis humanae") ha affrontato le problematiche dei rapporti tra la Chiesa di Cristo e la società civile.

Fonte di chiarimento, ma anche di forza sono le parole pronunciate da S.S. Paolo VI il 20 gennaio 1970, quando ebbe ad affermare: "Non crediate che, venendo la Chiesa a confronto con la società civile, da questa si separi o a questa si opponga, o in questa infonda la sua animazione per dominarla, o, accordandosi con essa, le voglia ancor oggi

---

[1] C. CARDIA, La Chiesa tra storia e diritto, Torino, 2010, p. 392

concedere, o chiedere privilegi, e non piuttosto, priva ormai di temporale potenza, né ambiziosa di ricuperare il peso e il vantaggio, che ella altro desideri se non che effettivamente le sia assicurato il libero esercizio della sua spirituale e morale missione, mediante eque, leali e stabili delimitazioni delle rispettive competenze".

Da queste parole traspare chiaramente il desiderio della Chiesa cattolica di inserirsi sempre più nella realtà sociale, armonizzando il proprio comportamento con quello della società civile, ma, senza per questo rinunciare ad una sfera di "poteri e rapporti" esclusivi in grado di connotarne le specifiche qualità essenziali di natura spirituale.

In questo contesto di rapporti che caratterizzano tuttora il nostro tempo, si colloca il problema della riserva di giurisdizione sull'istituto del matrimonio, che, per sua natura sacramentale, nasce nell'ordinamento canonico, ma, grazie all'istituto civile della trascrizione, sancito già dal Concordato del 1929, spiega i propri effetti nell'ordinamento civile.

Fino alla promulgazione della Costituzione della repubblica, nulla quaestio; la riserva di giurisdizione a favore dei Tribunali e dei dicasteri ecclesiastici era pacifica ed incontestabile ed anche i rapporti fra Stato e Chiesa erano consolidati.

Con l'avvento della Carta costituzionale iniziarono a profilarsi i primi dubbi, sollevati soprattutto da quei parlamentari che, già all'epoca della Costituente, avevano espresso riserve sulla formulazione dell'art. 7 della Costituzione repubblicana.

La legge sul divorzio del 1970 incrinò definitivamente l'equilibrio dei rapporti, creando in essi un vulnus che indusse la Santa Sede a denunciare formalmente la violazione dei Patti.

L'interpretazione delle norme costituzionali ha contribuito ulteriormente a far vacillare quella certezza di cui si parlava, per giungere all'affermazione dell'abrogazione o venuta meno della riserva di giurisdizione, soprattutto per opera della giurisprudenza della Suprema Corte di Cassazione.

Di contro, la Corte Costituzionale, attraverso la sua attività di armonizzazione delle norme concordatarie con i principi costituzionali, ha salvaguardato sempre le norme ecclesiastiche, confermando la permanenza in vita della riserva.

Difficile, quindi, districarsi nella selva delle opposte interpretazioni ed opinioni che il "silenzio", volontariamente tenuto dagli Accordi di Villa Madama del 1984 in merito al dibattuto problema, ha contribuito a rendere sempre più fitta.

Altro non si può fare se non descrivere l'evoluzione dell'istituto del matrimonio, nell'ambito del quale si colloca il problema di cui discutiamo, non senza soffermarsi, seppur brevemente, sui motivi di nullità dei matrimoni, contemplati dal Codex Iuris Canonici, dai quali scaturiscono le cause di nullità matrimoniale, che costituiscono l'oggetto della riserva di giurisdizione.

Di seguito si procede ad illustrare la nascita della riserva di giurisdizione ed argomentare sulle diverse posizioni dei contrari e dei favorevoli alla permanenza in vita dell'istituto, all'indomani della nascita dello Stato Repubblicano e degli esiti della revisione del Concordato del 1929, contenuti negli Accordi di Villa Madama del 1984.

Non vengono trascurati, inoltre, gli aspetti riguardanti l'attribuzione degli effetti civili alle sentenze ecclesiastiche di nullità, attraverso il procedimento di delibazione, con le conseguenti problematiche relative all'interazione di provvedimenti giudiziali caratterizzati dalla provenienza da una sfera di tipo spirituale, con le norme dell'ordinamento civile di uno stato democratico la cui Carta fondamentale è improntata ad una serie di principi irrinunciabili di libertà e tutela dell'individuo nella società.

E' lecito, infine, domandarsi ancora oggi se, considerate le contrapposte affermazioni in merito alla sussistenza ovvero all'abrogazione della riserva, non siano maturi i tempi, non tanto per una riformulazione dell'art. 8 degli Accordi di Villa Madama, che comporterebbe un impiego di "energie istituzionali" che nella contingenza della crisi attuale potrebbe apparire eccessivo, ma almeno l'avvio della discussione, da tempo rimandata, di una legge matrimoniale che possa attualizzare tutta la materia riguardante l'istituto del matrimonio, compresa, perché no, la problematica afferente la riserva di giurisdizione.

1. L'istituto: genesi ed evoluzione.

1.1 Il sistema matrimoniale precedente al Concordato del 1929 – Cenni storici.

L'istituto del matrimonio ha rivestito, nel corso dei secoli, notevole importanza sia nell'ordinamento canonico, dove viene riconosciuta la sua origine e dove trova una precisa regolamentazione, sia nell'ordinamento giuridico civile, che gli riserva interesse sotto vari aspetti, quali la definizione dello status civile dei contraenti, il riconoscimento a livello costituzionale della famiglia quale società naturale fondata sul matrimonio, la disciplina del regime patrimoniale dei coniugi.

Il matrimonio inteso come "atto" poggia il proprio fondamento su di una base di carattere spirituale, che ha portato all'affermazione della competenza esclusiva della Chiesa sulla regolamentazione dell'istituto, già a partire dal Concilio di Trento, attraverso la rivendicazione della giurisdizione, sia sul *matrimonium in fieri*, sia sul *matrimonium in facto esse*.

A fronte di ciò occorre considerare l'evoluzione dello Stato contemporaneo, che ha cercato di affermare la propria indipendenza da qualsiasi ingerenza esterna che andasse a minarne la sfera di sovranità.

Si registrano così i primi tentativi di disciplina del matrimonio con leggi civili operati in Olanda attorno al 1580, come matrimonio facoltativo per i dissidenti religiosi, affinché questi potessero contrarre un matrimonio avente effetti giuridici nell'ordinamento statale e, successivamente, alla metà del Sec. XVII, in Inghilterra, all'epoca di Cromwell, dove esisteva un matrimonio interamente regolato dallo Stato ed obbligatorio per tutti i cittadini[2].

Si giunge così alla netta posizione anticlericale scaturita dalla Rivoluzione Francese, che ha influenzato il Codice del 1805, il quale vietava addirittura la celebrazione del matrimonio religioso se non preceduta da quella civile e, attribuendo al matrimonio natura meramente contrattuale, definiva il matrimonio civile come modello unico di matrimonio riconosciuto dallo Stato per tutti i cittadini qualunque fosse la loro confessione religiosa.

In merito all'istituto matrimoniale in Italia occorre distinguere due periodi storici: il periodo pre-unitario e quello successivo all'unificazione del territorio nazionale.

Negli Stati presenti sul territorio italiano nel periodo pre-unitario, in attuazione dell'imperante principio confessionista, il matrimonio era regolato esclusivamente dal diritto canonico in ossequio alle prescrizioni scaturite dal Concilio di Trento e, quindi, veniva riconosciuta l'esclusiva disciplina delle istituzioni ecclesiastiche sull'istituto matrimoniale.

Solo nel regno piemontese, negli anni 1850-1852, si cercò di imporre per legge la forma civile del matrimonio, ma tale iniziativa trovò nel Senato una definitiva battuta d'arresto, a causa delle forti reazioni manifestate dagli ambienti cattolici che indussero Cavour a ritirare l'iniziativa legislativa.

Nello Stato unificato, invece, il matrimonio fu considerato come fenomeno civile e conseguentemente disciplinato dal Codice Civile del 1865, che escluse, per il matrimonio religioso, la possibilità di produrre un qualsiasi effetto nell'ordinamento giuridico dello Stato, consideran-

---

[2] A.C. JEMOLO, Il matrimonio, Torino, 1957, in M. CANONICO, Il riconoscimento delle sentenze ecclesiastiche di nullità matrimoniale, in www.statoechiese.it, Rivista telematica Stato, Chiese e pluralismo confessionale, sett. 2011, p. 1

dolo una mera *res facti* e riservando tale efficacia esclusivamente all'istituto disciplinato dal nuovo Codice.

In tal modo si crearono così due distinte figure di matrimonio, quello civile e quello canonico, con effetti diversi.

Questa situazione di dualismo si protrasse fino alla stipula degli accordi fra l'Italia e la Santa Sede dell'11 febbraio 1929, formati da un Trattato, da quattro Allegati ad esso annessi e dal Concordato, che contiene, all'art. 34, la norma essenziale della nuova disciplina.

Con l'art. 34 del Concordato, infatti, vengono riconosciuti gli effetti civili al "sacramento del matrimonio disciplinato dal diritto canonico" e viene sancito che "le cause concernenti la nullità del matrimonio e la dispensa del matrimonio rato e non consumato sono riservate alla competenza dei Tribunali e dei Dicasteri ecclesiastici".

Questa norma crea di fatto il nuovo istituto del matrimonio "concordatario", caratterizzato da una diarchia fra Stato e Chiesa[3].

Sul matrimonio, il Prof. Orio Giacchi, soleva ricordare una rivelatrice esclamazione di Papa Pio XI: "Per avere questo articolo 34 del Concordato saremmo andati a trattare con Belzebù in persona".

Di essa non vi è traccia nel testo ufficiale del discorso, pronunciato davanti ai docenti e studenti dell'Università Cattolica del Sacro Cuore all'indomani della firma dei Patti lateranensi.

L'efficacia civile del matrimonio canonico e la riserva ai Tribunali ecclesiastici delle cause di nullità – dunque l'intero spettro della libertà religiosa matrimoniale – erano per il Papa di tale importanza da meritare un'interruzione nella lettura, che colpì l'uditorio, nel quale era l'allora studente universitario ventenne Orio Giacchi[4].

---

[3] G. DALLA TORRE, Lezioni di diritto ecclesiastico, Torino, 2011, p. 164.

[4] O. FUMAGALLI CARULLI, Libertà religiosa e riserva di giurisdizione della Chiesa sui matrimoni concordatari: sentenze canoniche e ordinamento civile,

Il sistema delineato dall'art. 34 comportava, quindi, l'accettazione della giurisdizione ecclesiastica da parte dello Stato, il quale, per parte sua, si dichiarava privo di competenza in ordine ai giudizi sulla validità dei matrimoni celebrati in forma concordataria.

Lo Stato fascista non era giunto al riconoscimento politico della supremazia della Chiesa Cattolica soltanto, come si ricava dalle parole di Benito Mussolini, "per la contraddizion che nol consente", frase pronunciata alla Camera il 27 maggio 1929 illustrando i Patti lateranensi.

Trattandosi, tuttavia, di provvedimenti emanati nell'ambito di un diverso ordinamento, lo Stato non poteva riconoscere efficacia automatica al suo interno alle sentenze ecclesiastiche.

A questo proposito l'articolo 34 conteneva altresì disposizioni nel senso che tali pronunce canoniche potessero ottenere efficacia anche civile attraverso un procedimento la cui direzione era demandata alla Corte d'Appello territorialmente competente, alla quale il Supremo Tribunale della Segnatura Apostolica, dopo aver verificato che fosse stata rispettata la normativa del processo canonico, trasmetteva la sentenza, munita di decreto di esecutività.

Il giudice civile era così chiamato a compiere, d'ufficio e senza la necessaria presenza delle parti interessate, un esame in camera di consiglio della sentenza canonica.

Tale procedimento si concludeva con la pronuncia di un'ordinanza, la quale, in caso positivo, conferiva alla sentenza ecclesiastica esecutività agli effetti civili[5].

---

www.statoechiese.it, Rivista telematica Stato, Chiese e pluralismo confessionale, sett. 2011, p. 3

[5] M. CANONICO, Il riconoscimento delle sentenze ecclesiastiche di nullità matrimoniale, in www.statoechiese.it Rivista telematica Stato, Chiese e pluralismo confessionale, Settembre 2011, p. 7

Si può affermare che il descritto riconoscimento di efficacia civile delle sentenze ecclesiastiche di nullità matrimoniale operasse in maniera quasi automatica, attesa l'ufficiosità del procedimento che veniva instaurato senza l'istanza di parte e, spesso, anche contro la stessa volontà delle parti.

Per ottenere il favore della Chiesa Cattolica, quindi, lo stato fascista, con il Concordato del 1929, aveva sostanzialmente rinunciato ad una parte sostanziosa delle proprie prerogative in materia matrimoniale.

Questa rinuncia aveva riguardato il sindacato di giurisdizione, perché l'ordinamento civile non solo aveva accettato la competenza esclusiva del giudice ecclesiastico in merito alla validità del vincolo matrimoniale, ma si era vincolato a rendere efficaci le relative pronunce in modo del tutto passivo, senza alcuna rivendicazione di potestà e sindacato di merito, in tal modo svuotando di significato e contenuto i provvedimenti delle Corti d'Appello di riconoscimento delle sentenze canoniche di nullità matrimoniale.

1.2 La nascita della riserva di giurisdizione esclusiva – L'art. 34 del Concordato del 1929.

A partire dall'età di Costantino e con particolare riferimento al "privilegium fori" derivante direttamente dalla natura intrinseca della Chiesa quale "societas iuridice perfecta", la giurisdizione ecclesiastica è stata considerata efficace anche di fronte all'ordinamento statale.

Fu la prima legge Siccardi del 9 aprile 1850, estesa a tutto il Regno d'Italia unificato, che abolì il "privilegium fori" in materia sia civile sia penale, seguita nel 1871 dalla legge detta delle Guarentigie, che completò l'opera di smantellamento della giurisdizione ecclesiastica disponendo, all'art. 17, che in materia spirituale e disciplinare non è ammesso richiamo od appello contro gli atti delle autorità ecclesiastiche, né è a loro riconosciuta od accordata alcuna esecuzione coatta[6].

Nell'epoca concordataria, invece, riprende vigore il concetto di giurisdizione ecclesiastica efficace anche di fronte allo stato.

La giurisdizione ecclesiastica, infatti, in forza dei Patti siglati tra lo Stato Italiano e la Santa Sede, si configura come addirittura automatica in due casi: i provvedimenti relativi ad ecclesiastici e religiosi riguardanti le materie spirituali e disciplinari (art. 23 del Trattato) e la giurisdizione matrimoniale (art. 34 del Concordato).

In relazione all'automatismo creatosi, un matrimonio canonico dichiarato nullo dai Tribunali Ecclesiastici, qualunque fosse il capo di nullità, era nullo anche per lo Stato[7].

Grazie all'art. 34 del Concordato il matrimonio canonico e le cause ecclesiastiche di dispensa e nullità acquistano effetti civili.

Nasce il matrimonio "concordatario" e cessa finalmente il regime doppio di matrimonio fino ad allora esistente. Ora il matrimonio, originato nella sfera dell'ordinamento canonico, viene da questo regolato e, attraverso l'istituto della trascrizione, acquista efficacia nell'ordinamento civile.

Il riconoscimento definitivo del matrimonio canonico e della giurisdizione ecclesiastica sulla nullità e sullo scioglimento per dispensa "super rato" ha avuto come conseguenza la rilevanza civile del diritto della Chiesa, quanto alla disciplina degli impedimenti, dei requisiti di capacità e delle cause di nullità del vincolo[8].

Attraverso le disposizioni dell'art. 34 del Concordato, il sistema giuridico italiano ha, tuttavia, creato una pesante deroga all'uguaglianza

---

[6] A. BANFI, Habent illi iudices suos, Milano , 2005, p. 3
[7] O. FUMAGALLI CARULLI, op. cit., p. 1
[8] F. FINOCCHIARO, Diritto Ecclesiastico, decima edizione, Torino, 2009, p. 459

giuridica dei cittadini in materia di stato civile, perché nell'ambito del matrimonio il principio della rilevanza della legge personale confessionale è stato introdotto solo a favore dei cittadini cattolici.

Il matrimonio concordatario comportava come conseguenza l'uniformità dello status canonistico di coniuge con l'analogo status civilistico, nel senso che quest'ultimo sorgeva con il matrimonio religioso e decadeva qualora il vincolo fosse dichiarato nullo dalla Chiesa o cessava quando fosse emanata la dispensa super rato[9].

L'art. 34 del Concordato ha sancito, quindi, in modo fermo ed inequivocabile il principio della riserva di giurisdizione esclusiva sulle cause relative alla nullità del matrimonio canonico ed alla dispensa dal matrimonio rato e non consumato dei tribunali e dei dicasteri ecclesiastici. Tale articolo richiedeva, altresì, un procedimento formale che si concretizzava nel controllo da parte del Supremo Tribunale della Segnatura Apostolica sulla base della preventiva conformità del provvedimento emesso alle norme di diritto canonico e nella successiva ordinanza da parte della Corte d'Appello competente per territorio, al fine di rendere esecutivi gli effetti civili del matrimonio stesso, che si estrinsecava da un potere di mero controllo formale, ufficioso ed automatico sulle sentenze ecclesiastiche.

1.3 L'oggetto della riserva di giurisdizione: le sentenze di nullità matrimoniale e la dispensa super rato – i motivi di pronunciamento

La realtà quotidiana ci presenta sempre più spesso situazioni di crisi delle unioni coniugali, che per vari motivi non sono in grado di superare le

---

[9] F. FINOCCHIARO, op. cit., p. 459

divergenze, le tensioni ed i contrasti tra i coniugi e che sono destinate a sfociare in una completa disgregazione.

Tutto ciò, in forma più o meno intensa, più o meno evidente, si è verificato in qualunque epoca storica ed in qualunque civiltà.

Il diritto non poteva, quindi, non occuparsi del fenomeno, cercando di sottoporlo ad una serie di norme e di rimedi giuridici, spingendo la propria indagine fino agli aspetti patologici che l'unione può assumere.

La fase della disgregazione è, infatti, proprio quella in cui si possono delineare i maggiori problemi per le situazioni, i diritti, le aspettative dei soggetti coinvolti, soprattutto per quelli più deboli.

Nel tempo si è venuta a delineare e consolidare una specifica disciplina giuridica riferibile a tre istituti: la separazione coniugale, il divorzio (o scioglimento del vincolo coniugale), l'annullamento (o dichiarazione di nullità) del matrimonio.

Brevemente, illustrando il primo di questi istituti, si può affermare che si profili come quello meno invasivo rispetto all'unità della famiglia, perché non produce effetti definitivi ed irreversibili, agendo solo su di una delle componenti essenziali del rapporto coniugale, ossia quella della convivenza.

La separazione non può far venire meno lo status coniugale, pur producendo una sfasatura[10] tra la situazione giuridica matrimoniale, che resta invariata, e la situazione umana corrispondente, che risulta svuotata della sua principale qualificazione e del suo contenuto.

Un cambiamento radicale dello stato coniugale si ha, invece, con il divorzio, che ne determina il definitivo venire meno, insieme con i relativi diritti e doveri e fa riacquistare la libertà di stato.

---

[10] P. MONETA, il matrimonio nullo nel diritto canonico e concordatario, Bari, 2008, p. 10

Certamente cessa lo stato coniugale, ma questa cessazione non può annullare completamente la vicenda umana che ha visto protagonisti i due coniugi per un periodo più o meno lungo della loro vita; i figli ad esempio continuano a rappresentare un fortissimo punto di contatto ed un costante impegno e fonte di responsabilità per i due genitori.

Il divorzio, però, non costituisce l'unico strumento giuridico per far cessare lo stato coniugale.

La celebrazione del matrimonio, infatti, è subordinata ad una serie di presupposti e requisiti necessari per la validità della costituzione del matrimonio stesso.

La verifica in merito alla sussistenza di detti requisiti e presupposti viene, di norma, effettuata prima della celebrazione, così da evitare che si costituiscano matrimoni affetti da invalidità.

L'accertamento preventivo non riesce sempre ad individuare gli eventuali profili di invalidità, per cui è consentito di richiedere una verifica circa l'effettiva validità del matrimonio, che, a sua volta, potrà condurre all'individuazione di una originaria nullità dello stesso, con il conseguente venire meno dello stato coniugale.

Questo rimedio, definito come annullamento o dichiarazione di nullità del matrimonio, può essere esperito unicamente per un vizio originario o per la carenza di un presupposto essenziale, che non avrebbero potuto consentire la celebrazione del matrimonio. La sua natura è meramente dichiarativa ed ha quindi efficacia *ex tunc*, quindi dal momento della costituzione del vincolo.

L'ordinamento giuridico italiano instaurato con il Codice Civile del 1865, mantenuto nelle sue caratteristiche essenziali in quello del 1942, in totale assenza della possibilità di divorzio ed in presenza di un sistema particolarmente restrittivo delle cause di nullità, ha finito per far sì

che l'unico strumento di regolamentazione delle situazioni di crisi fami-
liari rimanesse la separazione.

Questa estrema rigidità di sistema trovò una prima attenuazione con
il Concordato del 1929, il quale consentì di riconoscere efficacia civile
alle dichiarazioni di nullità del matrimonio pronunciate dai Tribunali
ecclesiastici, nonché allo scioglimento pontificio (dispensa) del matrimonio non consumato.

L'ordinamento giuridico della Chiesa Cattolica si pone, invece, su di
una posizione del tutto particolare rispetto a quello civile.

Il matrimonio, infatti, occupa una posizione di grande rilievo
nell'ordinamento giuridico ecclesiastico, sia sotto il profilo umano e di
comunità di fedeli, sia sotto il profilo religioso e spirituale, dove viene
annoverato fra i Sacramenti.

Il matrimonio è definito come un istituto di diritto naturale che risale
alla stessa costituzione originaria dell'umanità voluta da Dio, che Gesù,
liberandolo dalle alterazioni provocate dalle legislazioni umane, ristabilì
nella sua piena integrità del modello originario.

Il matrimonio è dotato di proprietà essenziali, fra le quali predomina
il carattere di indissolubilità.

Conseguentemente l'ordinamento canonico ripudia il divorzio, finendo per ammetterlo in ipotesi del tutto marginali quali il matrimonio
non consumato ed il matrimonio celebrato da persone non appartenenti
alla Chiesa, che non può assumere quel valore sacramentale che è tipico
del matrimonio fra battezzati.

L'ordinamento canonico consente ai coniugi il ricorso alla separazione, anche se con molte limitazioni e circondandola di un generale
sfavore.

Contrariamente a quanto avviene quasi generalmente negli ordinamenti civili, il diritto canonico riconosce particolare importanza al terzo

tipo di rimedio, rappresentato dalla dichiarazione di nullità, regime giuridico che non trova eguali in nessun altro ordinamento civile o religioso e che costituisce lo strumento giuridico principale a disposizione della Chiesa cattolica per fare fronte al problema della disgregazione delle unioni coniugali[11].

Tutto ciò fa sì che l'attività dei Tribunali ecclesiastici sia occupata in grande misura e prevalenza da cause relative alla nullità matrimoniale.

Poiché nell'ordinamento della Chiesa il matrimonio è formato sul modello originario appartenente al diritto naturale, viene considerato nullo quando si discosta da tale modello.

Tale modello di matrimonio si presenta rigido e completamente sottratto all'autonoma determinazione delle parti, caratteristiche che aprono ampi spazi per il verificarsi di casi di nullità. Tali spazi, poi, tendono ad allargarsi maggiormente quanto più il modello acquista caratteristiche più precise, affinandosi e divenendo più esigente, come è avvenuto nella recente evoluzione storica della legislazione matrimoniale canonica, a seguito dell'approfondimento del concetto di matrimonio in conseguenza del pensiero scaturito dal Concilio Vaticano II.

Pur essendo chiara e sostanziale la differenza tra nullità, riferita al momento originario e costitutivo del vincolo matrimoniale, ed il divorzio, che fa venire meno il matrimonio su di un vincolo validamente costituito, sul piano pratico la nullità finisce per divenire, almeno in parte, sostitutiva della pronuncia di divorzio. Da ciò nasce lo sforzo di costruire un sistema di nullità ampio ed articolato, in modo da non ridurre il suo utilizzo in casi assolutamente eccezionali, ma da renderlo un valido strumento di intervento in molte ipotesi di rottura dell'unione coniugale. Non a caso il numero delle cause di nullità che vengono sottoposte ai

---

[11] P. MONETA, op. cit., p. 17

Tribunali ecclesiastici ha tendenza a crescere quanto più il divorzio è accettato e utilizzato dalla popolazione[12].

Il Codex Iuris Canonici, strettamente legato alla dottrina scaturente dal Concilio vaticano II (in particolare dalla costituzione *Gaudium et spes*, dedicata alla Chiesa nel mondo contemporaneo), tratta del matrimonio nell'ambito della disciplina dei sacramenti, dedicandogli 111 canoni, dal 1055 al 1165.

Fra questi si trova la disciplina del regime canonico delle cause di nullità.

La nullità del matrimonio può, in via generale, essere ricondotta a tre categorie di motivi.

Innanzitutto occorre che vi sia una capacità personale (*habilitas*) da parte di entrambi i nubendi di porlo in essere. Questa capacità viene definita in modo negativo attraverso l'individuazione di un numero di circostanze che la escludono, dette *impedimenti dirimenti*.

Di seguito occorre rilevare che il diritto canonico attribuisce notevole importanza alla natura di atto consensuale propria del matrimonio, dove il consenso viene considerato come requisito insostituibile per la formazione del matrimonio stesso.

Infine la nullità può essere ricondotta all'inosservanza di precise formalità previste dalle norme per la validità della celebrazione del matrimonio, ovvero di determinati requisiti formali prescritti *ad substantiam* per la stessa validità del matrimonio.

Il primo impedimento riscontrabile nella regolamentazione del codice canonico (can. 1083) è rappresentato dall'età ed è ricollegabile, nella *ratio,* al fatto che il matrimonio richiede una particolare capacità sia fisica sia psichica e, conseguentemente, può essere celebrato solo fra per-

---

[12] P. MONETA, op. cit., p. 33

sone che abbiano raggiunto un certo livello di maturità: 16 anni per l'uomo e 14 per la donna.

Per tener conto delle disposizioni del legislatore italiano, la Conferenza Episcopale Italiana ha parificato l'età canonica a quella del diritto civile (18 anni per l'uomo e per la donna). Questo limite costituisce, però, soltanto una proibizione, non un impedimento dirimente, per il quale è prevista una riserva di legge a favore della suprema autorità della Chiesa Universale, pertanto gli impedimenti dirimenti possono essere stabiliti esclusivamente dalla legislazione pontificia.

Il canone 1084 prevede l'impedimento di impotenza, che continua ad essere riproposto con una certa frequenza ai Tribunali ecclesiastici.

Nonostante i progressi compiuti dalla medicina, infatti, le patologie riguardanti la sfera della sessualità non sono ancora state eliminate dalle questioni matrimoniali.

I due nubendi devono essere in grado di compiere l'atto sessuale, di unirsi per formare anche sotto il profilo fisico una sola carne.

La mancanza di questa possibilità non permette di dare vita ad un valido matrimonio, in ragione della natura stessa dell'istituto, che si caratterizza per il particolare rapporto di ordine sessuale che si realizza fra i coniugi. L'impotenza viene, per tradizione, considerata un impedimento di tipo naturale.

Il successivo canone 1085 contempla l'impedimento da precedente vincolo matrimoniale. Il matrimonio è di tipo monogamico e caratterizzato dalla sua indissolubilità ed unità, proprietà che sono considerate caratterizzanti ed essenziali dell'istituto stesso.

A seguire si trova un gruppo di tre impedimenti di tipo esclusivamente canonistico, in quanto collegati a circostanze di natura strettamente religiosa.

Il canone 1086 riguarda la disparità di culto che si ha quando un cattolico battezzato vuole sposare una persona non battezzata, sia essa atea, sia appartenente ad altra confessione religiosa.

Questo impedimento trae la sua origine nell'atteggiamento di preoccupazione della Chiesa che il coniuge cattolico possa perdere la propria fede e non sia in grado di educare i figli secondo i principi cristiani.

L'impedimento che ci occupa ha acquisito notevole importanza in seguito all'aumento di presenza sul territorio dello stato italiano di persone appartenenti ad altre religioni, che vivono a stretto contatto con una popolazione cattolica per tradizione.

I successivi impedimenti, rispettivamente previsti dai canoni 1087 e 1088, riguardano particolari stati di vita ecclesiale ben definiti.

Il primo (ca. 1087) è lo stato di ministro sacro o chierico, derivante dalla ricezione del sacramento dell'ordine sacro, che comporta una condizione personale caratterizzata da diritti e doveri, fra i quali quello del celibato.

Il secondo status di vita incompatibile con il matrimonio (art. 1088) è quello della professione religiosa, ovvero quello di persona che ha deciso di vivere in una comunità religiosa impegnandosi con il voto solenne del rispetto delle regole di povertà, obbedienza e castità. Si tratta di monaci, suore, frati accolti in un ordine o congregazione religiosa.

Altri impedimenti derivano da un fatto delittuoso ripugnate alla stessa dignità del matrimonio.

Il canone 1089 prevede il ratto o rapimento della donna compiuto a scopo di matrimonio. Questo impedimento tende a dare tutela alla dignità della donna ed allo stesso istituto matrimoniale.

L'altra figura di impedimento derivante da fatto delittuoso, detto *impedimentum criminis*, è previsto dal canone 1090 ed è derivante da delitto o da coniugicidio. L'uccisione deve essere stata commessa con lo scopo esclusivo di rendere possibile il matrimonio.

L'ultima categoria, formata da quattro figure, di impedimenti deriva dalla sussistenza di una relazione di tipo familiare tra coloro che intendono unirsi in matrimonio. E' un tipo questo di impedimenti che è facilmente individuabile, pur con minime differenze, in tutti gli ordinamenti giuridici.

Il canone 1091 prevede la parentela, che lega tutti i soggetti che discendono da un avo o capostipite comune. L'impedimento è previsto in linea retta e per i parenti in linea collaterale fino al quarto grado.

Il canone 1092 prevede l'impedimento dell'affinità, che si instaura con i parenti del proprio coniuge ed impedisce il matrimonio soltanto in linea retta.

Il successivo canone 1093 riguarda l'impedimento detto *publica honestas*, che si ha in presenza di una semplice convivenza di fatto, ovvero di un matrimonio nullo, caratterizzato,però, da una lunga convivenza in comune tra i coniugi.

Il canone 1094 riguarda l'adozione, che si estende alla linea retta ed al secondo grado della linea collaterale.

Diverso motivo di nullità (cann. 1095 e segg.) deriva dall'importanza determinante che diritto canonico attribuisce al consenso, quale elemento fondamentale ed imprescindibile per la costituzione stessa del matrimonio.

Per consenso si intende l'effettiva e reale volontà delle parti di unirsi in matrimonio, nella quale il diritto canonico cerca di penetrare al fine di accertare la sussistenza di una volontà interiore in entrambi i nubendi, effettivamente indirizzata a porre in essere il vincolo matrimoniale. Secondo il canone 1057 questa volontà "non può essere supplita da nessuna potestà umana", pertanto deve sempre essere prevalente sulla dichiarazione esteriore[13].

Il legislatore canonico (al contrario della maggior parte degli ordinamenti civili) non lascia spazio alcuno alla possibilità di stabilire presunzioni assolute di validità del consenso che impediscano l'accertamento della sussistenza dell'effettiva volontà interiore delle parti.

Qualunque carenza od anomalia che incida sul consenso al punto da renderlo non idoneo a svolgere la sua essenziale funzione di costituzione del matrimonio, ne determina la nullità, sia pur in presenza di situazioni o interessi che meriterebbero una qualche considerazione.

In relazione all'importanza attribuita al consenso, il codice canonico disciplina la patologia del consenso in modo accurato e preciso, dedicandogli i canoni dal 1095 al 1103, dove vengono elencate tutte le carenze o anomalie che lo renderebbero inidoneo alla sua funzione di elemento generatore del matrimonio, con la conseguente sua nullità.

Viene presa in considerazione, innanzitutto, la fonte da cui deriva il consenso, ovvero tutte quelle condizioni psichiche che determinano ciascuno dei nubendi a formare ed esprimere la volontà matrimoniale.

In secondo luogo viene preso in considerazione l'oggetto del consenso.

Il consenso infatti, quale atto di volontà, deve essere indirizzato verso un oggetto specifico, rappresentato dal matrimonio.

Successivamente il codice canonico si occupa dell'altro specifico oggetto della volontà matrimoniale, ossia la persona stessa dell'altro nubente.

Ciascun nubente diviene, allo stesso tempo, soggetto attivo e destinatario (oggetto) del consenso, per cui un'alterazione sostanziale

---

[13] P. MONETA, op. cit., p. 55

dell'oggetto personale si ripercuote necessariamente sulla valida costituzione del matrimonio (errore sulla persona o su sue qualità).

Inoltre la volontà matrimoniale deve rappresentare il frutto di un processo interiore derivante dall'autonomo convincimento e determinazione del soggetto. Qualsiasi decisione che alteri questo processo decisionale non è ammissibile; è il caso della violenza morale, costrizione di carattere psicologico che vizia il consenso, rendendo nullo il matrimonio.

Da ultimo, a differenza di tutti gli ordinamenti civili, il codice canonico introduce un'ulteriore limitazione del consenso attraverso un elemento accessorio quale è la presenza di una qualche circostanza posta come condizione per la validità stessa del matrimonio.

Il diritto canonico non può ignorare questo fenomeno, per l'esigenza inevitabile di tenere in considerazione l'effettiva e sostanziale volontà interiore dei nubendi nella formazione del consenso.

L'ultima categoria di motivi di nullità matrimoniale riguarda la forma di celebrazione del matrimonio (cann. 1108 e segg.).

Il diritto canonico considera il matrimonio un negozio solenne e, pertanto, per la sua valida costituzione richiede, *ad substantiam*, una serie di adempimenti. Questo principio è stato accettato solo di recente dalla Chiesa e, con non poche difficoltà, perché non è conforme allo spirito del diritto canonico il fatto di far dipendere la validità di un sacramento come il matrimonio da elementi estranei alla realtà umana, che, al contrario, ne costituisce la vera essenza.

La forma di celebrazione del matrimonio prevista dal codice canonico è, tuttavia, molto semplice: è sufficiente che i nubendi esprimano il consenso matrimoniale davanti al sacerdote ed a due testimoni.

Le complicazioni sorgono quasi esclusivamente in relazione alla figura del sacerdote che assiste alle nozze; questi deve essere necessariamente il parroco o l'ordinario diocesano del luogo dove viene celebrato il matrimonio.

Il diritto canonico non si accontenta, perciò, di un qualunque soggetto che abbia ricevuto l'ordine sacro, ma richiede una ben precisa qualifica ecclesiastica ed una specifica competenza territoriale[14].

Il descritto regime formale, che si presenta con requisiti minimi, nonostante ciò può, in alcuni rari casi, presentare delle carenze, che provocano inesorabilmente la nullità del matrimonio.

Il sacerdote che assiste alle nozze può non essere il parroco, ma altro sacerdote che, pur altolocato nelle gerarchia ecclesiastica, non è competente a svolgere quella specifica funzione.

Il vizio di forma può derivare, inoltre, da una irregolarità o carenza nella titolarità dell'ufficio ecclesiastico.

Può verificarsi il caso in cui il sacerdote che svolge la funzione di parroco non disponga di un regolare atto di nomina da parte del proprio vescovo, ovvero che la nomina vi sia stata, ma non sia valida per la mancanza di requisiti personali indispensabili per ricoprire l'ufficio.

In questi casi, però, la nullità del matrimonio può essere scongiurata in virtù del principio della supplenza di giurisdizione, un principio analogo a quello del funzionario di fatto, che si riscontra comunemente negli ordinamenti civili[15].

Un cenno a parte meritano le dispense dal matrimonio rato e non consumato.

Nell'esperienza giuridica concreta le cause che presentano difficoltà di accertamento dei requisiti necessari per configurare l'impedimento dirimente di impotenza vengono dirottate verso un altro rimedio previ-

---

[14] P. MONETA, op. cit., p. 116
[15] P. MONETA, op. cit., p. 117

sto dal diritto canonico: lo scioglimento del matrimonio non consumato[16].

Questo rimedio è configurabile come un'eccezionale ipotesi di divorzio, quindi, di deroga al principio di indissolubilità, che è tradizionalmente ammessa dal diritto canonico.

In questa ipotesi è sufficiente accertare il mancato verificarsi di un atto sessuale tra i coniugi dopo la celebrazione del matrimonio, indipendentemente dalle cause che lo hanno determinato o dalla possibilità di superare in futuro questa situazione di carenza.

Lo scioglimento del matrimonio rato e non consumato, a differenza delle cause di nullità, è di competenza esclusiva del romano pontefice.

La parte interessata deve, infatti, rivolgersi al vescovo diocesano che avrà l'onere di accertare attraverso apposita istruttoria la sussistenza dei requisiti necessari per la concessione della dispensa, ovvero la mancata consumazione del matrimonio e la giusta causa per la dispensa, costituendo, quest'ultima, non un diritto dei coniugi, ma una grazia concessa dalla suprema autorità ecclesiastica.

Una volta terminata l'attività istruttoria diocesana, la questione diventa di competenza della Curia romana.

Il fascicolo viene dapprima trasmesso al competente ufficio presso il Tribunale della Rota Romana, per essere successivamente inoltrato alla Segreteria di Stato Vaticana per la sottoscrizione da parte del Pontefice, cui unicamente compete di concedere la dispensa.

Diversamente se è il Tribunale ecclesiastico ad essere investito di una causa di nullità per il motivo di impotenza.

Ove richiesto in tal senso da una delle parti, l'organo giudiziario ecclesiastico deve obbligatoriamente trasmettere gli atti di causa alla Con-

---

[16] P. MONETA, op. cit., p. 45

gregazione per il culto divino e la disciplina dei sacramenti, dicastero della Santa Sede competente in materia.

Tale dicastero, esaminati gli atti, ove accerti che ne ricorrono gli estremi, sottopone la questione al Pontefice per il rilascio del provvedimento di dispensa dal matrimonio rato e non consumato, con conseguente scioglimento del vincolo coniugale.

Questi brevemente illustrati sono i motivi di nullità del matrimonio secondo il diritto canonico, che possono essere accertati e pronunciati con le sentenze dei Tribunali ecclesiastici nell'ambito delle cause di nullità matrimoniale e di dispensa dal matrimonio rato e non consumato, per le quali, ai sensi dell'art. 34 del Concordato del 1929, vigeva la riserva di giurisdizione esclusiva a favore, appunto, dei Tribunali e dicasteri ecclesiastici.

Come avremo modo di vedere in seguito, la Corte Costituzionale, con la sentenza 2 febbraio 1982, n. 18, ha analizzato la conformità con l'ordinamento costituzionale della dispensa dal matrimonio rato e non consumato, pronunciandone l'illegittimità, in quanto la dispensa non riguarda il matrimonio atto, per il quale vale la riserva di giurisdizione, ma il matrimonio rapporto, inteso quale atto amministrativo, nel presupposto di validità dell'atto.

Conseguentemente la Consulta ha assunto la violazione del supremo principio costituzionale della tutela giurisdizionale, dichiarando illegittima l'esecutività dei provvedimenti pontifici di dispensa dal matrimonio rato e non consumato.

Per quanto riguarda le sentenze ecclesiastiche di nullità matrimoniale, per le quali lo Stato italiano aveva assunto con il Concordato del 1929 l'obbligo di attribuire loro effetti civili, con l'Accordo di Villa Madama del 1984, nel ribadire l'impegno assunto con la precedente intesa, l'ordinamento giuridico italiano subordina l'efficacia di tali pronunce ad una serie di controlli diretti a verificarne la compatibilità con alcune sue esigenze fondamentali.

2. Le vicende storico-giuridiche dell'istituto

2.1 L'avvento della Carta Costituzionale e gli inevitabili contrasti tra l'art. 34 del Concordato ed i principi supremi della Costituzione

L'avvento di uno Stato costituzionale, quale si presenta l'Italia dopo la caduta del Fascismo e la conclusione del secondo conflitto mondiale, mette in crisi il sistema concordatario, che inizia a dare segni di cedimento.

Il nuovo assetto laico e non più confessionista dello Stato, nonostante la Carta Costituzionale preveda tramite gli artt. 7, 19 e 29 dei presidi di garanzia per la Chiesa, tuttavia genera i primi sfilacciamenti in un tessuto che fino ad allora aveva trovato consistenza nell'assolutismo del regime statale e che ora inizia a perdere densità grazie all'emergere nella Carta Costituzionale di diritti fondamentali posti a difesa dei cittadini[17], con particolare riferimento agli artt. 24 e 25 ed a principi fondamentali costituenti la base dell'ordinamento repubblicano, quali l'art. 102 ed il già citato art. 7.

Ciò nonostante, sia da parte della Santa Sede, sia da parte dello Stato italiano, si riscontrano tentativi di salvaguardia della disciplina canonica del matrimonio da ingerenze, ritenute indebite, da parte dello Stato.

Tutto questo fino alla fine degli anni sessanta, quando si pose come centrale la questione della necessità di pervenire ad una revisione dei Patti Lateranensi, che sfociò nell'approvazione alla Camera dei deputati della mozione Zaccagnini – Ferri – La Malfa, il 5 ottobre 1967.

---

[17] P. PELLEGRINO, la riserva di giurisdizione dei tribunali ecclesiastici, Milano, 2001, p. 42

Inizia, pertanto, ad affacciarsi un ripensamento sull'automatismo previsto dall'art. 34 del Concordato e gli oppositori di detto automatismo utilizzano, quale argomentazione prevalente a favore della sua fine, il principio di inderogabilità della giurisdizione sancito dall'art. 24 della Costituzione ed il rispetto del principio di uguaglianza previsto dall'art. 3.

Pur nella sua debolezza, questa interpretazione comincia a farsi strada fra quei politici, già fautori del separatismo all'epoca del dibattito sull'art. 7 della Costituzione, che intendono minare seriamente i cardini che sostengono il matrimonio concordatario.

Nel dibattito parlamentare introdotto alla Camera si segnalano già le posizioni antitetiche in merito alla revisione del Concordato.

L'On.le Guido Gonella affermava che il matrimonio riconosciuto agli effetti civili è una di quelle materie "nelle quali sta per noi la ragione di essere prima del Concordato e senza le quali la pace religiosa sarebbe sicuramente compromessa".

A questa posizione faceva da contraltare quella dell'On.le Lelio Basso, secondo cui la legge matrimoniale è "una legge pasticcio anche a causa degli indirizzi giurisdizionali della nostra magistratura" cosicché "urge ristabilire il principio di eguaglianza per quanto riguarda gli effetti civili del matrimonio e l'autorità della giurisdizione statale sulla disciplina della cellula familiare"[18].

Tra queste due opposte posizioni, diverse voci intermedie hanno vivacizzato i successivi dibattiti.

Erano comunque pochi i parlamentari favorevoli al mantenimento del sistema instaurato con il Concordato del 1929 e, fra questi, per nostalgia del regime fascista, gli esponenti del MSI di Giorgio Almirante.

---

[18] P. PELLEGRINO, opera citata, p. 3

La maggior parte erano favorevoli a qualche aggiustamento in sede di trascrizione del matrimonio, altri chiedevano una maggiore simmetria fra matrimonio religioso e matrimonio civile e si esprimevano in favore di una attenuazione dell'automatismo, altri ancora rivendicavano un ritorno al doppio regime matrimoniale, nel quale rilevavano una accettabile forma di separatismo che, travolgendo il matrimonio concordatario, tuttavia non avrebbe travolto la validità generale del sistema[19].

Nella sinistra, invece, le posizioni apparivano differenziate.

Fra queste spiccava quella assunta da Nilde Jotti, che, ritenendo di dover "fissare il valore del matrimonio religioso per l'Italia", indicava quale soluzione "il rispetto dell'autonomia dei singoli che contraggono matrimonio", lumeggiato accenno alla libertà religiosa matrimoniale[20].

Sono gli anni che precedono l'introduzione del divorzio, avvenuta con la Legge 1° dicembre 1970, n. 898, ma sono anni carichi di fermenti che portano, una volta introdotto nell'ordinamento dello Stato l'istituto del divorzio, ad un irrigidimento dei rapporti tra Stato e Chiesa, soprattutto in relazione all'art. 34 del Concordato.

La legge sul divorzio si riferisce, infatti, non soltanto allo scioglimento dei matrimoni regolati dal diritto statale, ma anche alla cessazione degli effetti civili dei matrimoni concordatari.

La Legge sul divorzio apre dunque una profonda ferita nella disciplina dei Patti Lateranensi, al punto che la Santa Sede denunzia la violazione degli accordi.

La controversia diplomatica, però, non ha per oggetto soltanto l'estensione del divorzio al matrimonio concordatario, portando la Santa Sede a definire, in modo ufficiale, tale circostanza come violazione degli impegni concordatari, assunti dallo Stato italiano, a riconoscere il

---

[19] O. FUMAGALLI CARULLI, op. cit., p. 5
[20] O. FUMAGALLI CARULLI, op. cit., p. 6

matrimonio canonico in tutte le sue specifiche qualità, tra le quali spicca, in primo piano, quella dell'indissolubilità.

La controversia riguarda anche un punto fondamentale dell'intera normativa, ovvero la riserva di giurisdizione del giudice ecclesiastico in merito a quanto attiene al vincolo matrimoniale.

In sede diplomatica iniziava a vacillare il sistema dell'automatismo più sopra descritto, dal momento che la parte italiana riteneva che una difesa più rigorosa dell'automatismo, non avrebbe incontrato l'adeguato sostegno parlamentare, mentre una linea più morbida avrebbe consentito di salvaguardare la riserva di giurisdizione che era, in definitiva, quella parte della disciplina concordataria alla quale la Santa Sede non avrebbe mai potuto rinunciare, in virtù del carattere sacramentale attribuito al matrimonio.

Una Nota italiana del 16 giugno 1970, con l'obiettivo di difendere la riserva di giurisdizione ecclesiastica, avallava possibili correttivi da apportare al sistema del Concordato del 1929 e forniva, in tal modo, un primo segnale governativo di accettazione di un'attenuazione dell'automatismo, negando che il rapporto giuridico matrimoniale disciplinato dal diritto canonico fosse recepito come tale dall'ordinamento statale e giustificando la riserva di giurisdizione con argomenti ispirati ad una sorta di pragmatismo e di ragioni di economia processuale.

In definitiva l'automatismo inizia a vacillare, ma, nonostante ciò, la riserva di giurisdizione resta solida[21].

Sulla questione di legittimità dell'art. 34 del Concordato del 1929 con i principi costituzionali, a partire dagli anni '70 è richiesto in più occasioni l'intervento della Corte Costituzionale, la quale provvederà, di

---

[21] O. FUMAGALLI CARULLI, *Relazione al Convegno di studi Società civile e società religiosa a vent'anni dal concordato*, marzo 2005 presso l'Università Cattolica del Sacro Cuore di Milano

volta in volta, ad armonizzare la disciplina concordataria con i dettami della Costituzione.

Una delle prime pronunce della Corte è la sentenza n. 30 del 1971[22] e riguarda l'illegittimità dell'art. 34 , commi 4, 5, 6 del Concordato in relazione all'art. 102 della Costituzione.

Il Pretore di Torino sosteneva che la giurisdizione dei Tribunali ecclesiastici in materia matrimoniale fosse una giurisdizione speciale nel nostro ordinamento e come tale in contrasto con il disposto dell'art. 102 della Costituzione e le stesse norme concordatarie non legittimassero la giurisdizione di tali tribunali, poiché vigenti nel nostro ordinamento in quanto non in contrasto con le norme Costituzionali.

La Corte Costituzionale afferma che la pendenza di un giudizio di nullità matrimoniale dinanzi ai Tribunali ecclesiastici non è da considerarsi come esimente ed evidenzia come l'art. 7 della Costituzione non sancisca solo un generico principio pattizio, secondo il quale *pacta sunt servanda*, "ma contiene un preciso riferimento al Concordato in vigore ed in relazione a questo ha prodotto diritto. Tuttavia giacché esso riconosce allo Stato ed alla Chiesa una posizione reciproca di indipendenza e sovranità, non può avere forza di negare i principi supremi dell'ordinamento dello Stato"[23].

La Consulta conclude quindi che la questione sollevata dal Pretore di Torino è da ritenersi infondata in quanto "non è esatto che la giurisdizione dei Tribunali ecclesiastici abbia una natura speciale nel senso indicato nella norma che il Pretore invoca.

Tale norma (l'art. 102 della Costituzione) vuole assicurare l'unità della giurisdizione dello Stato ed il rapporto fra organi della giurisdizione ordinaria ed organi della giurisdizione speciale deve ricercarsi nel

---

[22] Corte Costituzionale 1° marzo 1971 n. 30
[23] Corte Costituzionale 1° marzo 1971 n. 30

quadro dell'ordinamento giuridico interno, al quale i tribunali ecclesiastici sono del tutto estranei"[24].

L'aspetto saliente che rileva da tale pronuncia è che la Consulta nella sua disamina ha preso in considerazione il contrasto tra le norme concordatarie ed i principi supremi dell'ordinamento costituzionale e con singole norme della Costituzione stessa, tracciando una strada che verrà ripresa anche nelle successive pronunce.

Ulteriore importante pronuncia della Corte Costituzionale è la sentenza n. 175 dell'11 dicembre 1973 nel giudizio di legittimità promosso con ordinanza del Tribunale di Rovigo, che aveva sollevato la questione di legittimità costituzionale delle norme che escludono la giurisdizione del giudice italiano in materia di matrimonio, andando così a ledere i principi costituzionali sanciti agli artt. 1, secondo comma, 3, primo comma, 11, 24 commi primo e secondo, 25 primo comma, 101 primo comma e 102 commi primo e secondo della Costituzione.

Le argomentazioni addotte dal giudice a quo si riferivano ad una parziale ed ingiustificata rinuncia di sovranità in campo giurisdizionale da parte dello Stato, nella materia di cui all'art. 34 del Concordato.

Il Tribunale di Rovigo, in primis, esclude che l'istituto sia riferibile al rinvio "all'ordinamento straniero conferente al conflitto di leggi nello spazio" e "neppure vi è piena analogia con l'istituto della dichiarazione di efficacia in Italia delle sentenze emesse dai giudici stranieri".

In secondo luogo fa rilevare che la giurisdizione esclusiva dei Tribunali ecclesiastici, nella specifica materia, contrasta con il principio di sovranità dello Stato espresso dall'art. 1, secondo comma, nonché con gli artt. 101 e 102 della Costituzione, che vietano l'istituzione di giudici speciali, riservando la giurisdizione alla sola Magistratura ordinaria.

---

[24] Corte Costituzionale 1° marzo 1971 n. 30

In terzo luogo, secondo il Tribunale di Rovigo, non opererebbe neppure la garanzia di cui all'art. 24 della Costituzione, che prevede per tutti la possibilità di rivolgersi ad un tribunale dello Stato a difesa dei propri diritti e ricevere un'adeguata difesa in ogni stato e grado di giudizio.

Da ultimo il giudice a quo evidenzia la violazione dell'art. 3, primo comma, della Costituzione in quanto la diversa disciplina riservata a colui che ha contratto il matrimonio secondo le norma concordatarie crea una disparità di trattamento rispetto a chi ha invece contratto matrimonio secondo il solo rito civile.

La Corte Costituzionale osserva, innanzi tutto, che è necessario stabilire se la riserva di giurisdizione a favore dei tribunali ecclesiastici di cui all'art. 34 del Concordato sia compatibile con il principio di sovranità dello Stato. A tale scopo richiama la sentenza n. 30 del 1971 (già commentata), che, pur affermando che l'art. 7 della Costituzione ha conferito rilevanza costituzionale ai Patti Lateranensi, ha precisato che l'art. 7 "non può avere forza di negare i supremi principi dell'ordinamento costituzionale dello Stato"[25].

La Consulta afferma inoltre che "l'art. 80 della Costituzione stessa prevede che con legge ordinaria sia autorizzata la ratifica di accordi internazionali aventi ad oggetto arbitrato o regolamenti giudiziari e non vale argomentare dall'art. 11 della Costituzione per dedurne che ogni limitazione di sovranità possa trovare giustificazione solo ove ricorrano i presupposti previsti in quella norma e ciò perché i rapporti tra lo stato e La Chiesa cattolica trovano specifico riferimento nell'art. 7"[26].

Riconosciuta la possibilità di una deroga alla giurisdizione, risulta pienamente conforme alla Carta costituzionale la riserva di giurisdizione vigente a favore dei tribunali ecclesiastici e la Corte Costituzionale, in

---

[25] Corte Costituzionale 11 dicembre 1973 n. 175
[26] Corte Costituzionale 11 dicembre 1973 n. 175

merito alla disparità di trattamento riservato a chi contrae il matrimonio concordatario rispetto a chi opta per il rito civile, sostiene che sia facoltà dei coniugi scegliere la forma di celebrazione del matrimonio che ritengano maggiormente rispondente alle proprie esigenze sia civili sia spirituali.

La Corte anche in questo caso dichiara non fondata la questione di legittimità sollevata.

La Corte Costituzionale è nuovamente chiamata a pronunciarsi nel febbraio del 1982[27], con una sentenza che si rivelerà essenziale per le successive vicende che avranno per oggetto il processo di revisione del Concordato.

La Consulta viene infatti investita di un'ordinanza di rimessione delle Sezioni Unite della Corte di Cassazione che solleva la questione di legittimità costituzionale in relazione all'art. 1 della Legge n. 810 del 1929 e dell'art. 17 della legge matrimoniale nella parte in cui danno attuazione alla disciplina prevista dall'art. 34, commi 4, 5, 6 del Concordato.

L'ordinanza di rimessione ha, in primo luogo, come oggetto, il grado di tutela giurisdizionale garantito alle parti nell'ambito del procedimento davanti ai Tribunali Ecclesiastici per la dichiarazione di nullità del matrimonio.

La questione di legittimità è relativa alla conformità del processo celebrato secondo le norme canoniche rispetto ai principi espressi dagli artt. 24, 25 e 101 della Costituzione.

Non si tratta però di accertare se le singole norme canoniche violino i principi sanciti dai suddetti articoli, ma piuttosto di valutare se il sistema processuale canonico sia in grado di garantire, nel complesso, l'effettiva tutela delle parti private.

---

[27] Corte Costituzionale 2 febbraio 1982 n. 18

40

Successivamente le Sezioni Unite della Corte di Cassazione, pur riconoscendo la conformità della riserva di giurisdizione in favore dei tribunali ecclesiastici, contestano i limiti posti al potere di cognizione delle Corti d'Appello quando si trovano a dover introdurre nel nostro ordinamento le sentenze pronunciate da detti tribunali.

Da ultimo le Sezioni Unite della Corte di Cassazione rilevano un altro motivo di contrasto con i supremi principi ispiratori della carta costituzionale nel fatto che le norme concordatarie, "imponendo al giudice statale di rendere esecutive le sentenze ecclesiastiche anche se fondate su cause di nullità non previste dalla legge dello Stato, in particolare sulla riserva mentale, senza possibilità di rilevarne il conflitto con l'ordine pubblico italiano, sembrano introdurre nell'ordinamento dello Stato un tipo di matrimonio contrastante con quello previsto dalla Costituzione, in violazione dei canoni relativi all'eguaglianza dei cittadini senza distinzione di religione ed al concetto di matrimonio accolto dalla Carta fondamentale (artt. 2, 3, 7, 29 Cost.)"[28].

Per quanto riguarda la prima questione di legittimità, la Corte Costituzionale afferma che le norme concordatarie, nella materia del matrimonio, hanno sostituito la giurisdizione dello Stato, senza però violazione del principio fondamentale sancito dell'art. 12 della Costituzione, perché un giudice ed un giudizio sarebbero sempre garantiti.

La Corte, pertanto, ancora una volta, ritiene che la riserva di giurisdizione ecclesiastica non sia in contrasto con i principi supremi della carta costituzionale.

La corte Costituzionale passa quindi all'esame della seconda questione di legittimità proposta dai giudici *a quibus*, ovvero se le norme concordatarie denunciate costituiscano limite ai poteri di controllo del giudice dell'esecuzione.

---

[28] Corte Costituzionale 2 febbraio 1982, n. 18

La tesi sostenuta dai predetti giudici trova il proprio fondamento nel procedimento automatico utilizzato dalle Corti d'Appello le quali potrebbero verificare solo la mera regolarità formale della documentazione proveniente dal Supremo Tribunale della Segnatura Apostolica in merito, essendo loro preclusa la possibilità di accertare: a) l'effettivo rispetto del contraddittorio e del diritto di difesa del procedimento in cui è stata pronunciata la sentenza di nullità; b) la definitività di tale sentenza; c) la reale effettuazione, da parte del Tribunale della Segnatura, dei controlli previsti dal quinto comma dell'art. 34 del Concordato, sulla osservanza nel processo matrimoniale canonico delle norme relative alla competenza del giudice, alla citazione ed alla legittima rappresentanza o contumacia delle parti; d) se la sentenza di nullità contenga disposizione contrarie all'ordine pubblico italiano, in contrasto con il disposto di cui all'art. 797, n. 7, del Codice di Procedura Civile.

La Corte Costituzionale ritiene fondata la questione di legittimità sostenendo la necessità di un adeguamento della disciplina concordataria verso il riconoscimento al giudice chiamato a dare efficacia alle sentenze ecclesiastiche di nullità matrimoniale della possibilità di esaminare la conformità di tali sentenze ai parametri forniti dai primi 4 commi dell'art. 797 del Cod. di Proc. Civ. e della valutazione in merito alla corrispondenza di dette sentenze con l'ordine pubblico.

La Corte Costituzionale, inoltre, si sofferma sulle esigenze dei giudici *a quibus*, i quali hanno evidenziato la necessità di salvaguardia di due "principi supremi dell'ordinamento costituzionale", ovvero il diritto di agire e resistere in giudizio di cui all'art. 24 della Costituzione e l'inderogabile tutela dell'ordine pubblico di cui al secondo comma dell'art. 1 ed al primo comma dell'art. 7 della Carta.

La conseguenza è la dichiarazione dell'illegittimità costituzionale delle norme denunciate nella parte in cui tali norme non prevedono la possibilità per la Corte d'Appello di accertare che nel procedimento innanzi ai Tribunali Ecclesiastici sia assicurato il diritto di agire e resistere in giudizio a difesa dei propri diritti e che la sentenza non contenga disposti contrari all'ordine pubblico italiano.

Successivamente la Corte passa ad analizzare la conformità all'ordinamento della dispensa per il matrimonio rato e non consumato, pronunciando l'illegittimità delle norme denunciate in relazione ai principi sopra argomentati e sottolineando che la dispensa in questione non riguarda il matrimonio *atto*, per il quale vale la riserva di giurisdizione, ma il matrimonio *rapporto* (inteso quale atto amministrativo) nel presupposto della validità dell'atto.

Si assume quindi la violazione del "supremo principio costituzionale della tutela giurisdizionale", tanto più allorchè si tratti, come nella specie, di mutamento giuridico non realizzabile nel nostro ordinamento se non attraverso una sentenza costitutiva del giudice[29].

La dottrina ha evidenziato come con tale sentenza la giurisprudenza innovatrice della Corte Costituzionale avesse modificato gli impegni assunti dallo Stato con la sottoscrizione dei Patti Lateranensi, equiparando il procedimento di riconoscimento di efficacia delle sentenze canoniche alle procedure di delibazione delle sentenze straniere.

In definitiva è lecito affermare che la commentata sentenza n. 18/1982 della Corte Costituzionale giunge persino ad incidere direttamente sulla competenza propria ed esclusiva della Chiesa attinente ai poteri del Pontefice, tutelata dall'art. 34 del Concordato, per dichiarare illegittima l'esecutività dei provvedimenti pontifici di dispensa dal matrimonio rato e non consumato.

La giurisprudenza costituzionale inizia quindi ad erodere l'automatismo introdotto dal concordato del 1929, senza stravolgere pe-

---

[29] G. DALLA TORRE, *Lezioni di diritto ecclesiastico*, Bologna, 1986, p. 146.

rò l'intero sistema concordatario, del quale viene conservato il principio della riserva di giurisdizione.

Il diritto così prodotto dalla Corte diviene fonte cogente della revisione, stante l'esigenza di armonizzazione costituzionale ad essa sottesa[30].

2.2 Il nuovo Concordato e le problematiche relative all'istituto.

E' proprio sulle linee tracciate dalla giurisprudenza della Consulta che si avviano i lavori della Commissione paritetica del 1976, incaricata di riformare, attraverso negoziati, gli accordi tra Stato e Chiesa del 1929. La Commissione risulterà composta dal Sen. Guido Gonella, che la presiedeva, e, dalla parte dello Stato dal Prof. Arturo Carlo Jemolo e dal Prof. Roberto Ago, dalla parte della Santa Sede dal Mons. Agostino Casaroli, dal Mons. Achille Silvestrini e dal Padre Salvatore Lener.

All'esito del profondo dibattito istituzionale e dei negoziati condotti, si giunge all'Accordo di Revisione del Concordato Lateranense, firmato dallo Stato e dalla Santa Sede il 18 febbraio 1984 e ratificato con la Legge 25 marzo 1985, n. 121.

I nuovi parametri concordatari che attengono alla riserva di giurisdizione ecclesiastica in materia matrimoniale sono l'art. 8, parte seconda, del nuovo Concordato (primo parametro) e l'art. 4, lett. b) del Protocollo Addizionale (secondo parametro).

L'innovazione apportata dal nuovo Concordato ha per oggetto, infatti, il regime di efficacia delle sentenze di nullità matrimoniale, per le

---

[30] O. FUMAGALLI CARULLI, Società civile e religiosa a vent'anni dal Concordato: il matrimonio, Relazione tenuta al convegno di studi *"Società civile e religiosa a vent'anni dal Concordato"*, 10-12 marzo 2005, Università Cattolica del Sacro Cuore di Milano, p. 7

quali è previsto un vero e proprio procedimento di delibazione ad opera delle Corti d'Appello.

Nel regime del Concordato del 1929 il riconoscimento di tali sentenze era frutto di un automatismo che prevedeva la trasmissione da parte del Supremo Tribunale della Segnatura Apostolica delle sentenze esecutive di nullità matrimoniale alle Corti d'Appello, l'avvio da parte di queste ultime di un procedimento di tipo camerale di ricezione della sentenza e l'ordine di registrazione nei pubblici registri.

Con il nuovo Concordato viene riconosciuta a ciascuna delle parti la possibilità di richiedere, con citazione o ricorso all'autorità giudiziaria, il riconoscimento degli effetti civili della sentenza di nullità matrimoniale pronunciata dal Tribunale Ecclesiastico e munita del decreto di esecutività del Supremo Tribunale della Segnatura Apostolica (primo parametro).

La competenza in merito è delle Corti d'Appello che avviano un procedimento di delibazione della sentenza ecclesiastica secondo la disciplina prevista dagli artt. 796 e segg. del Codice di Procedura Civile, fermo restando il rispetto delle peculiarità del procedimento in questione così come previste e disciplinate all'art. 4, lett. b) del Protocollo Addizionale (secondo parametro).

Ciò che il nuovo Concordato pare, fin da subito, non abbia affatto risolto è il problema relativo alla sussistenza o meno, nel nuovo regime instaurato, della riserva di giurisdizione esclusiva a favore dei Tribunali ecclesiastici.

Questo tema della riserva esclusiva di giurisdizione ha caratterizzato tutte le bozze di accordo che si sono susseguite dall'insediamento della Commissione Paritetica nel 1976, fino al 1984, anno di approvazione dell'Accordo, ma solo alcune sono state oggetto di dibattito parlamentare.

Nella prima bozza di revisione presentata in Parlamento veniva mantenuta la riserva di giurisdizione, pur in presenza di dissensi alla Camera, fra cui si segnalarono il Sen. Biasini, che esprimeva la sua delusione per la proposta di conservazione della riserva di giurisdizione e l'On.le Preti, che riteneva ormai maturi i tempi per l'abolizione del matrimonio concordatario[31].

La seconda bozza, illustrata dall'On.le Andreotti ai Presidenti dei gruppi parlamentari nel giugno del 1977, si caratterizzò per la soluzione proposta del concorso delle due giurisdizioni, formulata dal Prof. Ago ed accettata, ancorchè implicitamente, dal Prof. Jemolo nella seduta della Commissione del 17 marzo 1977.

In quell'occasione, al Prof. Ago, che suggeriva di modificare l'art. 34 del Concordato lateranense introducendo il principio secondo cui ai coniugi doveva essere riconosciuta la libertà di adire la giurisdizione ecclesiastica per un giudizio riguardante gli effetti canonici del matrimonio, ovvero la giustizia civile per ciò che si riferiva agli effetti civili, rispose il Sen. Gaspare Ambrosini, mettendo in evidenza che il marito si sarebbe potuto rivolgere al tribunale statuale e la moglie al tribunale ecclesiastico: al che lo Jemolo fece osservare che i contrasti tra sentenze emanate da giudici appartenenti ad ordinamenti diversi avrebbero potuto essere superati facendo ricorso al sistema della prevenzione; proposta che fu subito condivisa da Ago[32].

Ciò fece affermare all'On.le Andreotti la fine della giurisdizione ecclesiastica sulla nullità dei matrimoni concordatari.

Nella terza bozza del dicembre 1978 scomparve il criterio della prevenzione dei giudizi ed un richiamo solo generico al sistema di delibazione delle sentenze straniere indusse l'On.le Andreotti a considerare il

---

[31] P. PELLEGRINO, La riserva di giurisdizione dei Tribunali Ecclesiastici prima e dopo l'entrata in vigore della Legge 31 maggio 1985, n. 218, Milano, 2001, p. 8
[32] P. PELLEGRINO, op. cit., p. 9-10

46

concorso di giurisdizioni come un obiettivo ancora da perseguire e non come dato già acquisito.

La quarta bozza non veniva dai gruppi parlamentari giudicata rispondente alle richieste formulate dal Parlamento, nel corso della discussione al Senato.

A proposito di questa quarta bozza si precisava che in essa non era previsto il riesame nel merito, ma era previsto che si potesse negare la delibazione nel caso in cui il convenuto fosse rimasto contumace e si sottolineava che in essa veniva ripreso il requisito secondo cui non doveva essere pendente avanti al giudice italiano un giudizio per il medesimo oggetto e fra le stesse parti, istituito prima dell'emanazione della sentenza canonica di ultimo grado[33].

Nel marzo del 1980 e successivamente nel maggio 1981 fu presentata ai rispettivi Presidenti del Consiglio Sen. Francesco Cossiga ed On.le Arnaldo Forlani la quinta bozza, dove, come già nella quarta, sembrava doversi superare e cancellare la riserva di giurisdizione dei Tribunali Ecclesiastici prevista dai Patti Lateranensi.

Entrambi i Presidenti ritennero di non dover trasmettere al Parlamento il progetto contenuto nella quinta bozza.

Nel 1981, il Sen. Giovanni Spadolini, nel frattempo nominato Presidente del Consiglio, istituì una Commissione unilaterale presso la Presidenza del Consiglio, presieduta dal Prof. Caianiello, per l'approfondimento dei problemi concordatari sotto il profilo delle problematiche statuali. Il 14 maggio 1982 venne presentato un testo che conteneva modifiche e proposte alla quinta bozza (definita quinta bozza bis), che, però, come già accaduto nella versione precedente, non venne inoltrata ai gruppi parlamentari.

---

[33] P. PELLEGRINO, op. cit., p. 14

Nel gennaio 1983, dopo che fu ricostituita la Commissione a seguito della scomparsa del Prof. Jemolo, vi fu una rilettura della quinta bozza alla luce delle intervenute discussioni parlamentari e dell'esame delle sentenze n. 16 e 18 del 1982, pronunciate dalla Corte Costituzionale.

Ne scaturì un nuovo testo, la sesta bozza, che il Presidente del Consiglio Sen. Amintore Fanfani, non ritenne opportuno trasmettere al Parlamento, in quanto non poteva essere considerata come definitiva.

Il nuovo Presidente del Consiglio, On.le Bettino Craxi, personalmente espose al Segretario di Stato S.E. Cardinale Agostino Casaroli i princìpi sui quali riteneva fosse possibile raggiungere un'intesa[34] sulla quale sia il Parlamento italiano, sia la Santa Sede potessero finalmente raggiungere un accordo definitivo.

Si svolse, quindi, dal 25 al 27 gennaio 1984, una discussione parlamentare che, in forza del risultato ottenuto, consentì ai due rappresentanti, l'On.le Craxi e S.E. il Cardinale Casaroli, di sottoscrivere a Villa Madama il 18 febbraio 1984 l'Accordo di modifica del Concordato Lateranense, sottoposto successivamente alla ratifica del Parlamento, avvenuta con la Legge 25 marzo 1985, n. 121.

L'elemento fondamentale dell'esito del lungo processo di revisione del Concordato è il silenzio delle norme sul punto nodale della riconferma ovvero dell'abrogazione della riserva di giurisdizione ecclesiastica che era sancita dall'art. 34 del Concordato del 1929.

---

[34] P. PELLEGRINO, op. cit., p. 17

3. La fine della riserva di giurisdizione

3.1 L'art. 13 del nuovo Concordato ed i motivi di abrogazione

Il Nuovo Concordato ha lasciato irrisolto il problema della permanenza o meno della riserva di giurisdizione dei Tribunali Ecclesiastici sulle cause riguardanti la nullità dei matrimoni contratti in base all'art. 8 dell'Accordo.

In merito alla problematica circa la fine o meno della riserva di giurisdizione, si fanno strada due elementi importanti.

Il primo è rappresentato da una lettera, agli atti della Commissione presieduta dal Sen. Gonella, scritta nel 1977 dall'allora Presidente del Consiglio Sen. Giulio Andreotti, il quale esprimeva apprezzamento nei confronti della delegazione italiana per l'aver ottenuto, nel corso delle trattative con la delegazione della Santa Sede, la rinuncia da parte di quest'ultima alla riserva di giurisdizione.

Il secondo consiste nelle istruzioni impartite dai Presidenti del Consiglio al Sen. Andreotti all'epoca della sua partecipazione, negli anni dal 1982 al 1984, alla fase finale della trattativa, di non ritornare sull'argomento della riserva di giurisdizione, in quanto problema considerato come già definito.

Nel corso dell'ultimo dibattito in Senato del 25 gennaio 1984, l'allora Presidente del Consiglio On.le Bettino Craxi, anche al fine di raccogliere consensi nell'area laica, ebbe modo di dire "crediamo si debba andare ad un regime di radicale superamento della riserva di esclusiva giurisdizione ecclesiastica quale prevista dalla legislazione del

1929"[35] ed affermò esservi nella normativa concordata "concorso tra la giurisdizione dello Stato e la giurisdizione della Chiesa", passando così "dal regime di unione imperfetta" ad un "regime matrimoniale di separazione imperfetta".

A queste interpretazioni distorsive dirette a legittimare il concorso e, quindi, l'alternatività tra giurisdizione ecclesiastica e giurisdizione civile secondo il principio della prevenzione, la Santa Sede replicò in via diplomatica.

Infatti, prima dello scambio degli strumenti di ratifica (avvenuto il 3 giugno 1985), il Consiglio per gli Affari Pubblici della Chiesa, con una Nota verbale inviata al Governo italiano, ribadì la non decadenza dell'esclusività della riserva e precisò che l'affermazione sul concorso delle giurisdizioni poteva "essere condivisa solo nel senso che le sentenze dichiarative della nullità del matrimonio, per essere operanti nell'ordinamento dello Stato hanno bisogno del concorso della giurisdizione statale e che solo dopo la pronuncia della Corte d'Appello la sentenza canonica di nullità è efficace anche di fronte allo Stato"[36]

Appare opportuno sottolineare anche che lo stesso On.le Craxi, nella Nota informativa ai Capigruppo di Camera e Senato del 23 gennaio 1984, aveva già avuto modo di sottolineare che "fermo restando il riconoscimento agli effetti civili dei matrimoni celebrati secondo il diritto canonico, dovrà essere dissolta ogni residua riserva di giurisdizione ecclesiastica. La dichiarazione di efficacia delle sentenze ecclesiastiche di nullità del matrimonio dovrà quindi essere subordinata a tutte le condizioni previste dalla legge italiana per l'efficacia nello Stato delle senten-

---

[35] GISMONDI, Le modificazioni del Concordato lateranense, loc. cit. p. 13, in P. PELLEGRINO, op. cit., p. 19
[36] O. FUMAGALLI CARULLI, op. cit., p. 10

ze straniere, con la specifica applicazione dei princìpi sanciti negli artt. 796 e ss. del Codice di Procedura Civile"[37].

Il testo del Nuovo Concordato avvalorerebbe quanto argomentato dall'On.le Craxi, dal momento che in esso non vi è stata trasposizione di norma alcuna che avesse ad oggetto specificatamente la riserva di giurisdizione.

Mentre l'art. 34 del Concordato lateranense del 1929 prevedeva che "Le cause concernenti la nullità del matrimonio e la dispensa dal matrimonio rato e non consumato sono riservate alla competenza dei tribunali e dei dicasteri ecclesiastici", l'art. 13, comma 1, dell'Accordo di Villa Madama del 1984 dispone che "Le disposizioni precedenti costituiscono modificazioni del Concordato lateranense accettate dalle due Parti, ed entrano in vigore alla data dello scambio degli strumenti di ratifica. Salvo quanto previsto dall'art. 7, n. 6, le disposizioni del Concordato stesso non riprodotte nel presente testo sono abrogate".

Tutto questo induce a sostenere il superamento o l'abrogazione della riserva di giurisdizione.

L'art. 13, comma 1, del Nuovo Concordato costituisce quindi un elemento a favore di chi sostiene la fine della riserva di giurisdizione dei Tribunali ecclesiastici.

Infatti, come osserva la dottrina, un'attenta analisi dell'ultimo capoverso evidenzia come la riserva sia venuta meno proprio perché la disposizione in merito contenuta nell'art. 34, nn. 4,5,6 del Concordato del 1929 non sia stata analogamente inserita nel testo dell'art. 8, comma 2, dell'Accordo di Villa Madama.

---

[37] Nota informativa ai Capigruppo del Senato e della Camera 23 gennaio 1984, in P. PELLEGRINO, op. cit., p. 19-20

Conseguentemente, non rientrando la materia della riserva di giurisdizione fra quelle conservate dall'art. 13, l'istituto in questione è stato, per logica, abrogato.

3.2 La sentenza delle Sezioni Unite della Corte di Cassazione 13 febbraio 1993, n. 1824, apre alla concorrenza fra le giurisdizioni.

In ordine all'esegesi del nuovo sistema di rapporti tra ordinamento Statale ed ordinamento Ecclesiastico in relazione ai limiti delle rispettive giurisdizioni dopo l'entrata in vigore dell'Accordo di Villa Madama del 1984, appare decisivo l'intervento operato dalle Sezioni Unite della Corte di Cassazione con la sentenza n. 1824[38], pronunciata il 13 febbraio 1993, le quali, mettendo radicalmente in discussione la tradizionale idea che sul matrimonio canonico trascritto i Tribunali della Chiesa godessero di una riserva di giurisdizione, hanno affermato in materia il ben diverso principio della concorrenza di giurisdizione tra giudice civile e giudice ecclesiastico.[39]

Le Sezioni Unite sono chiamate a pronunciarsi su di un regolamento di giurisdizione ex art. 41 Cod. Proc. Civ., avendo la parte ricorrente eccepito il difetto di giurisdizione del giudice civile adito, in ragione del fatto che, nonostante la formulazione dell'art. 8, comma 2, del Nuovo Concordato andasse in senso opposto, in realtà era da ritenersi ancora vigente la competenza esclusiva dei Tribunali ecclesiastici sulla materia dedotta in giudizio, come valeva per l'art. 34 del Concordato del 1929.

---

[38] Cass. Civ. SS.UU. 13 febbraio 1993, n. 1824

[39] R. BOTTA, Il diritto ecclesiastico "vivente" nella giurisprudenza della Corte di Cassazione, in www.statoechiese.it , rivista telematica Stato, Chiese e pluralismo confessionale, marzo 2010, p. 3

La Corte, preso atto delle precedenti pronunce sull'argomento, rileva come la riserva di giurisdizione esclusiva dei Tribunali ecclesiastici in forza dei disposti di cui all'art. 34, comma 4, del Concordato del 1929, come ebbe ad affermare il Capo del Governo, riferendo alla Camera, si configuri come necessaria, data la dignità di sacramento riconosciuta al matrimonio e l'unificazione nella celebrazione religiosa anche del rito civile[40].

Quanto sopra si allinea perfettamente con l'art. 1 del Trattato che proclamava la religione cattolica come "l'unica religione di stato", tanto che il trattato ed il Concordato furono stipulati in nome della Santissima Trinità, ed anche con il primo comma dell'art. 34, attraverso il quale lo Stato recepì come sacramento il matrimonio disciplinato dal diritto canonico ed al matrimonio/sacramento riconobbe gli effetti civili.

Lo Stato si rimise, cioè, all'ordinamento canonico per quanto riguarda sia la natura del vincolo matrimoniale, sia la celebrazione, sia il rapporto che ne derivava, con una totale rinuncia, in materia, alla sua sovranità e, quindi, all'esercizio della giurisdizione[41], ad eccezione delle cause di separazione personale, per le quali la Santa Sede "consentiva" che fossero sottoposte all'autorità giudiziaria civile.

In appresso, la Corte di Cassazione fa notare come l'art. 8 della Costituzione fece "venir meno uno dei capisaldi del Trattato del 1929, costituito dalla considerazione della religione cattolica come l'unica religione dello Stato"[42], evidenziando, inoltre, come nei suoi interventi la Corte Costituzionale, pur senza mai dichiarare l'illegittimità costituzionale della riserva di giurisdizione a favore dei Tribunali ecclesiastici, si sia spinta sino al punto da esercitare un sindacato di legittimità sulla

---

[40] R. BOTTA, Materiali di diritto ecclesiastico – matrimonio religioso e giurisdizione dello stato, Bologna, 1997, p. 219
[41] R. BOTTA, op. cit., p. 219
[42] R. BOTTA, op. cit., p. 220

norme concordatarie, avendo riconosciuto alle medesime la stessa copertura costituzionale dei principi supremi dell'ordinamento.

Le Sezioni Unite sostengono, quindi, che se nella sentenza della Corte Costituzionale n. 18 del 1982 si poteva parlare di riserva di giurisdizione come "logico corollario" del sistema matrimoniale, ciò era possibile solo in relazione all'art. 34 del Concordato del 1929, mentre non era più ammissibile alla luce dell'Accordo di Villa Madama del 1984, perché, pur conservando la sua logicità, aveva perso la connotazione di necessarietà.

In forza di questo, riconoscono alla Chiesa l'esercizio della giurisdizione in materia ecclesiastica in conformità con l'art. 2, comma 1, del Nuovo Concordato, ma precisano che in esso non è ravvisabile alcuna norma che sia in qualche modo paragonabile all'art. 34 del Concordato del 1929, sottolineando, altresì, che l'Accordo di Villa Madama del 1984 non contiene alcuna disposizione da cui si desume che la giurisdizione ecclesiastica in materia matrimoniale sia una prerogativa di detto ordinamento, rilevando anzi come in tale materia sia andato sfumando il carattere sacramentale che aveva caratterizzato la precedente normativa e che non appare neanche menzionato nel nuovo accordo[43].

A definitiva chiusura della questione, la Corte di Cassazione cita l'art. 13, comma 1, del Nuovo Concordato, dal quale deriva l'abrogazione dell'istituto della riserva di giurisdizione dei Tribunali ecclesiastici in materia di matrimonio, non essendo accettabile l'obiezione secondo la quale tale norma potrebbe abrogare solo norme specifiche del Concordato del 1929 e non anche istituti. Nel ragionamento della Corte tale obiezione non può reggere in considerazione del fatto che tale istituto si evince proprio da una norma specifica e per questo abrogata[44].

---

[43] R. BOTTA, op. cit., p. 223
[44] R. BOTTA, op. cit., p. 223

La Corte contesta inoltre le tesi di coloro i quali considerano sussistente la riserva di giurisdizione, in quanto fondata sul richiamo operato dalla legislazione italiana, atteso il carattere di specificità dell'ordinamento canonico, nonché di coloro che la ritengono fondata sul fatto che il giudice civile deve verificare, in sede di delibazione, che il giudice ecclesiastico era il giudice competente ed anche le tesi di quanti sostengono la permanenza dell'istituto in forza del divieto di riesame nel merito[45].

Infine la Corte afferma che la disposizione di cui all'art. 8, comma 2, lett. a), va interpretata nel senso che, dato il concorso dei due ordinamenti a disciplinare il processo, essa è diretta a disciplinare i poteri del giudice della delibazione nei confronti di una sentenza già emanata da un Tribunale ecclesiastico, il quale, per ciò, in base al criterio della prevenzione mediante il quale il concorso delle giurisdizioni va risolto, rimane, una volta preventivamente adito, il giudice esclusivamente competente, con la conseguenza che la locuzione "il giudice competente" non vuol dire che la competenza spetti sin dall'inizio ad un solo giudice e non esclude che si possa versare in un'ipotesi di fori concorrenti[46].

Secondo la Corte di Cassazione non costituirebbe ostacolo al principio di concorrenza fra le giurisdizioni la circostanza secondo la quale il giudice civile dovrebbe applicare il diritto canonico, poiché verrebbe a trovarsi nella stessa situazione in cui, in virtù degli artt. 17-27 Disp. Prel. al Cod. Civ. o in applicazione di norme di diritto internazionale convenzionale, debba applicare la norma straniera regolatrice del rapporto sostanziale, pur rimanendo disciplinate la competenza e la forma del processo dalla legge italiana[47].

---

[45] R. BOTTA, op. cit., p. 225
[46] R. BOTTA, op. cit., pp. 226-227
[47] R. BOTTA, op. cit., p. 222

Con la sentenza presa in esame, la Corte di Cassazione opera una sostanziale apertura al concorso fra la giurisdizione civile e quella ecclesiastica, introducendo, quale parametro di risoluzione del concorso, il criterio della prevenzione.

Questo criterio non è nuovo alla nostra conoscenza; nella seduta del 17 marzo 1977 della Commissione paritetica incaricata di riformare gli accordi tra Stato e Chiesa del 1929, come si ricorderà, Il Prof. Jemolo, in risposta al dissenso manifestato dal Sen. Gasperini in merito alla proposta del Prof. Ago di lasciare libertà di scelta ai coniugi in merito all'autorità giudiziaria cui rivolgersi, indicò nel sistema della prevenzione il mezzo per risolvere i contrasti tra sentenze emanate da giudici appartenenti ad ordinamenti diversi.

Pur essendo in più occasioni invocato, questo criterio presenta un unico precedente applicativo nella sentenza delle Sezioni Unite della Corte di Cassazione del 28 agosto 1990, n. 8870, avente per oggetto la disciplina dei rapporti tra lo Stato italiano e la Santa Sede nelle cause riguardanti la materia del sostentamento del clero.

Per tale tipologia di controversie la Corte aveva infatti ammesso che le sentenze ecclesiastiche potessero avere effetto nell'ordinamento statale addirittura senza essere sottoposte al procedimento di delibazione previsto per tutte le sentenze straniere, reputando che sussista per esse la giurisdizione diretta del giudice italiano, la quale, in particolare, è stata ritenuta alternativa rispetto a quella del giudice canonico e il problema della concorrenza fra le due giurisdizioni, che così sorge, è stato risolto sulla base del principio di prevenzione, secondo cui *electa una via non datur recursus ad alteram*[48].

La Suprema Corte, nella sentenza delle Sezioni Unite n. 1824 del 1993, rileva che il problema del concorso fra le giurisdizioni deve essere

---

[48] P. PELLEGRINO, op. cit., p. 86

risolto sulla base del criterio della prevenzione, con esplicito richiamo alla citata sentenza n. 8870 del 1990, dal momento che "la giurisdizione italiana non è esclusa dal fatto che lo Stato riconosca, in linea di massima, adeguata la giurisdizione ecclesiastica e non incompatibile con i principi supremi del nostro ordinamento, non comportando, la disciplina canonica, un'abdicazione dello Stato nell'esercizio della sua giurisdizione"[49], né dal punto di vista formale, né attraverso un procedimento esegetico.

Tuttavia occorre rilevare che sussistono differenze profonde in merito all'applicazione del criterio della prevenzione nei due ambiti rispettivamente presi in esame dalla Corte di Cassazione con le sentenze n. 8870 del 1990 e n. 1824 del 1993.

Nella prima delle due sentenze, trattandosi di controversia relativa alla remunerazione del clero, si può ravvisare una sorta di collaborazione e di reciprocità fra i due ordinamenti (statale ed ecclesiastico), poiché l'oggetto della controversia attiene a profili di tipo economico-patrimoniale.

Nella seconda, che qui fino ad ora si è commentata, non è ravvisabile il criterio della collaborazione e della reciprocità, poiché la materia matrimoniale non è qualificabile come patrimoniale, ma attiene alla sfera religiosa, essendo tale vincolo considerato dalla Chiesa come un sacramento.

3.3 Posizioni a favore della fine dell'istituto.

Abbiamo fin qui esaminato le posizioni più importanti relative al venir meno della riserva di giurisdizione dei Tribunali ecclesiastici in materia

---

[49] Cass. Civ. SS. UU. 13 febbraio 1993 n. 1824, in R. BOTTA, op. cit., p. 224

matrimoniale basate su criteri essenzialmente normativi e giurisprudenziali, nonché all'introduzione del concorso fra le giurisdizioni dello Stato e della Chiesa, regolato secondo il principio della prevenzione.

Pur tuttavia non possiamo non prenderne in considerazione altre.

Una motivazione addotta a favore del venire meno della riserva di giurisdizione esclusiva dei Tribunali ecclesiastici e che riprende il principio della doppia giurisdizione è rappresentata dalla necessità di dare tutela allo *ius poenitendi* dei coniugi, ovvero anche di uno solo di essi.

Lo *ius poenitendi* consiste nel diritto di cambiare la propria fede religiosa, di tal che colui il quale si sia rivolto originariamente all'ordinamento canonico contraendo matrimonio religioso, avendo nel frattempo mutato il suo credo religioso o persa la fede, si veda riconosciuta la facoltà di cambiare ordinamento, rivolgendosi, pertanto, alla giurisdizione civile, avendo perduto ogni suo precedente interesse nei confronti della giustizia della Chiesa.

Autorevole dottrina afferma che l'esercizio dello *ius poenitendi* vale come ripensamento di una opzione religiosa e sta, in buona sostanza, ad indicare che i coniugi (o uno di essi) non riconoscono (o non riconoscono più) un valore religioso al matrimonio: di qui l'esclusione … di ogni automatismo circa l'efficacia civile delle sentenze ecclesiastiche di nullità matrimoniale e, soprattutto, la subordinazione (esclusiva, questa sì) della loro delibabilità alla volontà delle parti[50].

La tutela dello *ius poenitendi* sarebbe una conseguenza dell'apertura al principio del concorso fra le giurisdizioni, dal momento che consente ad uno dei coniugi di rivolgersi ad un organo di giustizia, piuttosto che ad un altro, grazie al criterio della prevenzione, vedendosi garantita la libertà a non dover essere giudicati dinanzi ad un Tribunale che esprime

---

[50] R. BOTTA, op. cit., p. 84

58

valori in contrasto con quelli dei coniugi, evitando così un giudizio dinanzi ad un'autorità cui è indifferente o peggio ancora ostile[51].

Il problema dello *ius poenitendi* si profila con chiarezza in relazione ai due momenti che caratterizzano il matrimonio, ovvero, quello della celebrazione secondo le norme del diritto canonico e quello, successivo, della trascrizione nei registri dello stato civile, che costituisce autonoma manifestazione della volontà delle parti di far assumere effetti civili proprio al matrimonio canonico, attraverso un vero e proprio negozio autonomo.

L'istituto della trascrizione assume, in quest'ottica, caratteristiche analoghe alla celebrazione del matrimonio civile e, pertanto, è necessario tenere distinti il matrimonio negoziale canonico, che nasce nell'ordinamento ecclesiastico e da questo è regolato, dal negozio attraverso il quale assume effetti civili il matrimonio canonico.

Di conseguenza il giudice ecclesiastico dovrà pronunciarsi in merito al vincolo canonico, mentre il giudice civile dovrà occuparsi della delibazione, ove le parti desiderino far acquistare effetti civili alla sentenza pronunciata in merito alla nullità.

Nella situazione sopra descritta ha ragion d'essere rispettato lo *ius poenitendi*, come diritto a mutare opinione religiosa, ma si dovrebbe anche rispettare la posizione dell'altra parte che non ha manifestato intenzione di cambiare la propria fede, finendo per mettere in gioco la libertà religiosa di mantenere la scelta originaria[52].

I sostenitori della venuta meno della riserva di giurisdizione considerano, quindi, lo *ius poenitendi* come una sorta di "ripensamento" che avrebbe come necessaria conseguenza l'esclusione dell'attribuzione di

---

[51] P. PELLEGRINO, op. cit., p. 88 e p. 91
[52] O. FUMAGALLI CARULLI, L'indirizzo politico parlamentare in P. PELLEGRINO, op. cit., p. 90

efficacia automatica nell'ordinamento civile delle sentenze ecclesiastiche di nullità matrimoniale.

Sulla scorta della sentenza n. 1824 del 1993, la stessa Corte di Cassazione ha pronunciato altri provvedimenti, che ne hanno ripreso le argomentazioni, in merito all'abrogazione della riserva di giurisdizione.

Fra queste la sentenza del 18 aprile 1997, n. 3345, pronunciata dalla Sezione Prima, ha modo di sottolineare che, anche in presenza degli interventi della Corte Costituzionale, "era però rimasto fermo il principio secondo cui ogni giurisdizione aveva un proprio ambito di competenza esclusiva e dunque il giudice dello Stato non poteva esaminare questioni attribuite a quello ecclesiastico", ma, la situazione ebbe modo di cambiare in ragione dell'avvento del Nuovo Concordato, il cui art. 8, comma 2, annovera tra le condizioni per la delibazione della sentenza ecclesiastica di nullità l'art. 797 del Cod. Proc. Civ., per cui la Corte afferma che "è abrogata la riserva di giurisdizione a favore dei Tribunali ecclesiastici, e quindi il giudice italiano, in quanto preventivamente adito, può giudicare sulla domanda di nullità di un matrimonio concordatario".

Il rapporto fra la giurisdizione civile e quella ecclesiastica sarebbe dunque disciplinato da un "principio di prevenzione in favore della giurisdizione civile: è infatti previsto che la pendenza di un giudizio civile impedisce la delibazione della sentenza ecclesiastica, mentre non è assolutamente vero il contrario, cioè il giudice civile viene paralizzato solo dall'avvenuta delibazione della sentenza ecclesiastica, restando il processo canonico un semplice fatto incapace di determinare una litispendenza nell'ordinamento dello Stato".

La Sezione Prima della Corte di cassazione, con la sentenza del 16 novembre 1999, n. 12671, ha rilevato che le Sezioni Unite, con la commentata sentenza n. 1824 del 1993, "hanno affermato che, con l'Accordo di revisione del Concordato del 1984, è stata superata la riserva di giurisdizione sulle cause di nullità dei matrimoni concordatari a favore dei Tribunali ecclesiastici prevista dall'art. 34 del Concordato del 1929, per la principale ed assorbente ragione che l'art. 13 del predetto accordo ha disposto l'abrogazione delle precedenti norme concordatarie non riprodotte nel nuovo testo e in tal testo non c'è più alcuna disposizione che sancisca il carattere esclusivo della giurisdizione ecclesiastica in materia matrimoniale. L'affermazione delle Sezioni Unite relativa all'abrogazione della riserva di giurisdizione ecclesiastica, ribadita in successive decisioni di questa Sezione e fondata su una pluralità di ragioni alle quali per economia espositiva si rinvia, deve essere condivisa".

Successivamente nell'anno 2001, nell'anno 2003 e nell'anno 2008, sempre la Sezione Prima della Corte ribadisce il proprio orientamento nella direzione dell'avvenuta abrogazione della riserva di giurisdizione dei Tribunali ecclesiastici in materia matrimoniale.

4. Il permanere in vita della riserva di giurisdizione.

4.1 I motivi della permanenza.

In posizione contrapposta a quella dei sostenitori dell'abrogazione della riserva di giurisdizione ecclesiastica, si schierano coloro i quali sostengono, al contrario, la tesi della sopravvivenza della riserva, forti anche della legittimità costituzionale più volte sottolineata dalla Corte Costituzionale nel precedente regime concordatario (cfr. sentenza 2 febbraio 1982, n. 18, cit.).

Innanzi tutto occorre sottolineare quanto più volte richiamato nel testo degli Accordi di Villa Madama del 1984, che questi non rappresentano un Nuovo Concordato (anche se vengono definiti anche con questi termini, per praticità e per contrapposizione ai Patti Lateranensi), bensì una "modifica" al Concordato del 1929.

Questa circostanza costituisce senz'altro uno degli argomenti a sostegno della permanenza della riserva.

Con l'Accordo del 1984 il sistema matrimoniale concordatario definito nel 1929 è stato soltanto aggiornato alle nuove esigenze, postesi sul piano del diritto e del fatto, fermi restando i suoi capisaldi, tra i quali non può non rientrare la riserva di giurisdizione a favore dei Tribunali ecclesiastici, che, più ancora del riconoscimento degli effetti civili ai matrimoni canonici, costituì l'elemento di maggior novità del sistema instaurato nel 1929[53].

In più occorre rilevare che il testo dell'art. 8, comma 2, non contiene quell'esplicita abrogazione della riserva di giurisdizione ecclesiastica,

---

[53] G. DALLA TORRE, op. cit., p. 180

che, al contrario, aveva caratterizzato alcune bozze del progetto di revisione del Concordato.

Altro elemento a favore della permanenza in vita della riserva di giurisdizione si ricava dai princìpi superiori della Costituzione, con particolare riferimento al supremo principio di laicità dello Stato.

L'istituto della riserva di giurisdizione ecclesiastica, quindi, troverebbe il proprio fondamento nell'art. 7 della Costituzione, prima ancora che negli Accordi del 1984.

Sussistono altresì elementi di carattere testuale che possono essere invocati a sostegno della tesi conservatrice della riserva.

L'art. 8, comma 2, degli Accordi di Villa Madama del 1984 prevede che le sentenze di nullità matrimoniale pronunciate dai Tribunali ecclesiastici siano dichiarate efficaci nello Stato dopo che la Corte d'Appello competente abbia accertato che "il giudice ecclesiastico era il giudice competente a conoscere della causa in quanto matrimonio celebrato in conformità del presente articolo", dal che pare doversi dedurre con l'evidenza delle parole – in particolare dall'uso dell'articolo determinativo, che assume un significato inequivocabile nel contesto della formulazione – che il giudice ecclesiastico è l'unico giudice competente in materia[54].

Altrettanto importante ai fini della tesi del mantenimento in vita della riserva di giurisdizione ecclesiastica appare quanto dettato dall'art. 4, lett. b), del Protocollo addizionale del 1984, che dispone, ai fini dell'applicazione degli artt. 796 e 797 Cod. Proc. Civ. (abrogati per le sentenze straniere), che "si debba tener conto della specificità dell'ordinamento canonico dal quale è regolato il vincolo matrimoniale, che in esso ha avuto origine".

---

[54] G. DALLA TORRE, op. cit., p. 182

La specificità dell'ordinamento canonico comporta la riserva esclusiva della giurisdizione ecclesiastica[55].

Tale richiamo alla specificità dell'ordinamento canonico rappresenta, senz'altro, una disposizione di chiusura e di garanzia[56], che fa sì che la disciplina prevista dal Cod. Proc. Civ. per la delibazione delle sentenze degli ordinamenti statali stranieri non sia applicabile qualora questa si ponga in contrasto insanabile con i principi inderogabili dell'ordinamento canonico[57].

Anche il divieto di procedere al "riesame del merito", da parte del giudice italiano, della fattispecie dedotta nel giudizio celebratosi avanti al tribunale ecclesiastico, contenuto nell'art. 4, lett. b), n. 3, del Protocollo addizionale, costituisce ulteriore elemento a sostegno della permanenza in vita della riserva di giurisdizione esclusiva dei Tribunali ecclesiastici, rafforzato sicuramente dalla lettera della norma concordataria, quando parla di specificità dell'ordinamento canonico, che si presenta come profondamente derogatoria dei princìpi ispiratori del sistema ordinario di delibazione delle sentenze straniere[58], non facendo, in tal modo, altro che confermare la sopravvivenza della riserva.

Dalla lettera dell'art. 8, comma 2, dell'Accordo di Villa Madama si evince, inoltre, quanto la Santa Sede non abbia assolutamente voluto rinunciare alla sua supremazia sul matrimonio nelle parole "nell'accedere al presente regolamento della disciplina matrimoniale, la Santa Sede sente l'esigenza di riaffermare il valore immutato della dottrina cattolica sul matrimonio e la sollecitudine della Chiesa per la dignità ed i valori della famiglia, fondamento della società"[59].

---

[55] G. DALLA TORRE, op. cit., p. 182
[56] G. DALLA TORRE, op. cit., p. 182
[57] G. DALLA TORRE, op. cit., p. 182
[58] G. DALLA TORRE, op. cit., p. 183
[59] Art. 8, n. 3 del Nuovo Concordato del 1984

4.2 La sentenza 29/11/1993, n. 421 della Corte Costituzionale e l'importanza della nascita del rapporto per la determinazione della giurisdizione.

La Corte Costituzionale viene investita della questione di legittimità costituzionale, sollevata dalla Corte d'Appello di Torino, dell'art. 1 della Legge 27 maggio 1929, n. 810, nella parte in cui dà esecuzione all'art. 34, comma 4, del Concordato del 1929, in riferimento all'art. 7, comma 1, della Costituzione.

Preliminarmente la Consulta osserva che la disciplina di riferimento è quella di cui all'art. 8 dell'Accordo del 1984 ed al punto 4 del Protocollo Addizionale.

Di seguito, con un'articolata serie di motivazioni e dopo aver osservato che "nell'Accordo del 1984 permane il riconoscimento degli effetti civili, mediante la trascrizione, ai matrimoni che, per libera scelta delle parti, sono stati contratti secondo le norme del diritto canonico e che rimangono regolati, quanto al momento genetico, da tale diritto", afferma che quell'atto di matrimonio posto in essere nell'ordinamento canonico costituisce il presupposto degli effetti civili dell'atto stesso e ad esso "è riconosciuta la competenza del giudice ecclesiastico".

L'atto rimane dunque regolato dal diritto canonico, con quanto ne segue in ordine alla giurisdizione[60].

La Consulta sostiene inoltre che, riconoscendo gli effetti civili al matrimonio concordatario mediante la trascrizione, non si verifica un fenomeno di ricezione della disciplina del diritto canonico nell'ordinamento italiano, perché il matrimonio religioso validamente

---

[60] R. BOTTA, op. cit., p. 212

celebrato costituisce solo il presupposto, esterno all'ordinamento statale, da cui far discendere, tramite la trascrizione, gli effetti civili[61].

Conseguentemente sostiene che se il negozio al quale vengono attribuiti effetti civili mediante la trascrizione trae la propria origine dell'ordinamento ecclesiastico ed è da questo regolato nei suoi requisiti di validità è un logico corollario[62] e, qualora sorgano questioni sulla validità di tale vincolo, la cognizione di queste controversie sia riservata ai Tribunali che fanno parte di tale ordinamento, conseguendo poi le relative pronunce dichiarative della nullità l'efficacia civile attraverso lo speciale procedimento di delibazione[63].

La Corte, con riferimento al rapporto tra il sistema matrimoniale, delineato dalla Corte stessa, ed il principio di laicità dello Stato, elevato al rango di principio supremo dell'ordinamento ed inteso non solo nel senso negativo dell'astensione dello Stato nei confronti dell'elemento religioso, ma anche nel senso positivo di garanzia di pari dignità e pari diritti a tutte le confessioni religiose ed a tutti i cittadini dello stato, sostiene che "in presenza di un matrimonio che ha avuto origine nell'ordinamento canonico e che resta disciplinato da quel diritto, il giudice civile non esprime la propria giurisdizione sull'atto di matrimonio, caratterizzato da una disciplina conformata nella sua sostanza all'elemento religioso, in ordine al quale opera la competenza del giudice ecclesiastico", pertanto "il giudice dello Stato esprime la propria giurisdizione sull'efficacia civile delle sentenze ecclesiastiche di nullità del matrimonio attraverso lo speciale procedimento di delibazione regolato dalle stesse norme dell'accordo in modo ben più penetrante che nella disciplina originaria del Concordato. Permane inoltre pienamente, se-

---

[61] R. BOTTA, op. cit., p. 211
[62] R. BOTTA, op. cit., p. 211
[63] R. BOTTA, op. cit., p. 210

condo i principi già fissati dalla Corte, la giurisdizione sugli effetti civili".

Dalla lettura della sentenza in commento si può notare che la Corte Costituzionale non rivolge la giusta attenzione a quella che appare come la grande novità dell'Accordo del 1984, che consiste nella mancanza di un esplicito riferimento all'esclusività della giurisdizione ecclesiastica, così come invece era accaduto nel Concordato del 1929[64].

Il cosiddetto "silenzio", tenuto dalle parti che hanno siglato l'Accordo di Villa Madama, sul problema della riserva di giurisdizione, riprodotto nel testo del Nuovo Concordato, è proprio l'elemento sul quale si sono accese le discussioni più vivaci.

In sostanza si può affermare che, a partire dal 1993, si siano venute a delineare due contrastanti posizioni, l'una, quella della Corte di Cassazione, che considerava abrogata la riserva di giurisdizione, l'altra, della Corte Costituzionale, che affermava la permanenza dell'istituto all'interno del nostro ordinamento.

In merito appunto al problema della genesi della doppia giurisdizione, un acuto canonista ebbe modo di rilevare che la scelta del principio sopra enunciato era il frutto di un tipico, per quanto onorevole, compromesso, nel senso che, di fronte alle opposte esigenze, quella della Chiesa che non voleva abbandonare la sua giurisdizione in materia matrimoniale e quella di quanti volevano, invece, il ritorno della disciplina delle nullità matrimoniali sotto l'esclusivo impero della legge civile, si scelse una via intermedia, lasciando al cittadino la scelta di optare per una giurisdizione o per un'altra, a seconda dei suoi convincimenti[65].

---

[64] A. ALBISETTI, Il diritto ecclesiastico nella giurisprudenza della Corte Costituzionale, Milano, 2010, p. 93

[65] C. CARDIA, La disciplina del matrimonio concordatario, p. 347, in P. PELLEGRINO, op. cit., p. 38

4.3 Posizioni a favore del mantenimento dell'istituto e la precostituzione del giudice ecclesiastico ai sensi dell'art. 8 del Nuovo Concordato.

Con il Concordato del 1929, lo Stato, al quale appartiene il potere di giurisdizione, che rappresenta anche componente essenziale della sovranità, fece una grande concessione alla Chiesa cattolica con l'art. 34, comma 4, che, per l'appunto, riservava alla giurisdizione dei Tribunali ecclesiastici le cause aventi ad oggetto la nullità del matrimonio e la dispensa dal matrimonio rato e non consumato.

Con l'entrata in vigore della Costituzione repubblicana, come abbiamo visto, il Concordato del 1929 iniziò a presentare i primi segni di crisi, rappresentati dall'inadeguatezza di certe norme rispetto al dettato costituzionale.

Specialmente quando la Corte di Cassazione prese a dichiarare illegittime le norme che introducevano nell'ordinamento statale la dispensa dal matrimonio rato e non consumato e quelle che costituivano impedimento alla Corte d'Appello competente di valutare il rispetto del diritto di difesa nell'ambito del processo canonico, nonché la non contrarietà del pronunciato ecclesiastico all'ordine pubblico interno[66].

Illustre dottrina rileva che nel corso del descritto processo di adeguamento della disciplina processuale del matrimonio concordatario alla Costituzione, un posto di rilievo occupa la riserva esclusiva di giurisdizione, qualificabile, nel contesto, come la rinuncia da parte dello Stato a giudicare sulle cause di nullità dei matrimoni canonici.

I lavori preparatori dell'Accordo di Villa Madama misero in luce due aspetti importanti, da una parte lo Stato italiano metteva in primo piano il problema dell'abrogazione, dall'altra la Santa Sede si rendeva ben

---

[66] Cfr. Corte Costituzionale 2 febbraio 1982, n. 18

conto di dover dare una soluzione al problema, tant'è che l'Accordo tenne conto sia del processo di trasformazione sociale e politica dello Stato, sia delle innovazioni e degli sviluppi fondamentali nella "politica" della Chiesa cattolica, usciti dal Concilio Vaticano II.

A questo proposito viene in considerazione l'art. 13, comma 1, dell'Accordo che risulta decisivo quando dispone l'abrogazione di tutte le disposizioni del Concordato del 1929 che non sono state riprese nel testo, al contempo non prevedendo norma alcuna che esplicitamente istituisca una riserva espressa a favore dei Tribunali ecclesiastici sulle domande di nullità del matrimonio, equiparando le sentenze canoniche a quelle straniere, salva la loro delibazione con un procedimento che poco si discosta da quello ordinario.

Sulla base di questi elementi sarebbe quindi lecito affermare che la riserva di giurisdizione non poggi più su alcun elemento di diritto positivo[67].

Parte della dottrina favorevole al mantenimento della riserva di giurisdizione dei Tribunali ecclesiastici fa riferimento al carattere di "specificità" dell'ordinamento canonico, nell'ambito del quale è regolato il vincolo del matrimonio, rispetto a quello dello Stato, così come si ricava dal testo del punto 4, lett. b) del protocollo addizionale, che escluderebbe che il giudice civile possa giudicare appunto sulle cause riguardanti la nullità dei matrimoni canonici.

Tutte queste tesi vengono comunque contestate, con argomentazioni varie dai sostenitori dell'abrogazione della riserva di giurisdizione.

Altra illustre opinione a favore della sussistenza della riserva, poggia il proprio fondamento sull'inesistenza nell'Accordo di Villa Madama di una norma equivalente all'art. 34 del Concordato del 1929, questo per-

---

[67] C. CARDIA, Stato e confessioni religiose, Bologna 1982, p. 361 in P. PELLEGRINO, La riserva di giurisdizione dei tribunali ecclesiastici

ché, trattandosi di pura modificazione redazionale del testo concordatario, la sussistenza della giurisdizione esclusiva dei Tribunali ecclesiastici si può logicamente dedurre analizzando l'intero sistema degli accordi fra Italia e Santa Sede ed in particolare il principio fondamentale in base al quale lo Stato e la Chiesa sono indipendenti e sovrani, ciascuno nel proprio ordine.

Tuttavia, come abbiamo già avuto modo di anticipare più sopra nel paragrafo 1 di questo capitolo, uno degli argomenti "forti" che sostengono la permanenza della riserva di giurisdizione dei Tribunali ecclesiastici è rappresentato dall'art. 8, parte seconda, lett. a), dell'Accordo del 1984, dove viene previsto che la Corte d'Appello, in sede di delibazione, dovrà verificare che il giudice ecclesiastico era il giudice competente a conoscere della causa in quanto matrimonio celebrato in conformità del presente articolo[68].

La dottrina favorevole alla permanenza della riserva di giurisdizione pone la propria attenzione sull'articolo determinativo "il", contenuto nel testo dell'articolo in questione. L'utilizzo dell'articolo determinativo assume un significato inequivocabile che corrisponde al riconoscimento del giudice ecclesiastico come l'unico giudice competente.

L'assunto sopra enunciato si ricava, secondo l'orientamento dottrinale, anche attraverso tre tipi di analisi: 1) l'analisi dell'articolo in questione ed il testo del Concordato del 1929; 2) l'analisi dei lavori preparatori del Nuovo Concordato; 3) l'analisi dell'articolo in questione ed il resto delle norme concordatarie in materia matrimoniale.

Per ciò che attiene alla prima analisi, si nota una certa sintonia tra l'art. 34, comma 4, del Concordato del 1929 e l'art. 8, n. 2, lett. a) dell'Accordo del 1984, perché entrambe le disposizioni si occupano della competenza giurisdizionale dei Tribunali ecclesiastici, senza porre

---

[68] Art. 8, n. 2, lett. a), nuovo Concordato

l'attenzione sui problemi di ripartizione tra i Tribunali ecclesiastici delle cause di nullità.

Stessa considerazione viene fatta in merito al secondo punto, dove si può ricavare che l'analisi condotta dalla Corte d'Appello riguarda anch'essa la sola competenza giurisdizionale dei Tribunali ecclesiastici.

Nel terzo tipo di analisi si può ricavare che qualora il giudice ecclesiastico sia il solo giudice competente, non si potrebbero avere pronunce contrastanti, perché il giudice civile sarebbe privo di giurisdizione e, come sostiene una parte della dottrina, si dovrebbe parlare non già di concorso di giurisdizione, come affermato dalle SS.UU. della Corte di Cassazione, ma più correttamente di riparto di giurisdizione.

Altro argomento dottrinale a favore della permanenza della riserva di giurisdizione ecclesiastica trae origine direttamente dal Codex Iuris Canonici, che nel can. 1671 dispone proprio che "le cause matrimoniali dei battezzati per diritto proprio spettano al giudice ecclesiastico" e nel can. 1401, n. 1, afferma che "la Chiesa per diritto proprio ed esclusivo giudica le cause che riguardano cose spirituali e annesse alle spirituali", per cui la Santa Sede non avrebbe potuto porre in discussione tali principi negli Accordi di Villa Madama del 1984, cioè la propria competenza esclusiva in materia matrimoniale.

Nel dibattito si è inoltre affermato che, analizzando il percorso attuato in materia dalla Corte Costituzionale, si può riscontrare che gli Accordi del 1984 hanno sostanzialmente recepito tale percorso e, quindi, la riserva di giurisdizione non deve ritenersi abrogata proprio con riferimento alle sentenze della Consulta che, al contrario, hanno sempre cercato di preservarla, giungendo fino a ritenere che la riserva risulterebbe implicita nel testo dell'Accordo del 1984.

Dal punto di vista giurisprudenziale, la tesi della sopravvivenza della riserva esclusiva di giurisdizione ecclesiastica in materia matrimoniale poggia le proprie basi sulla sentenza della Corte Costituzionale n. 421/1993.

Così la Corte d'Appello di Torino si pronuncia in modo conforme con la sentenza 29 aprile 1994, n. 551, affermando che "la giurisdizione esclusiva dei Tribunali ecclesiastici nelle cause di nullità del matrimonio concordatario, alla luce dei chiarimenti forniti dalla sentenza della Corte Costituzionale n. 421/1993, permane anche dopo la modifica del Concordato lateranense"[69].

Anche la Corte d'Appello di Firenze, con la sentenza 21 maggio 1999, ritiene l'istituto della riserva esclusiva di giurisdizione ecclesiastica "coerente e compatibile con l'Accordo del 1984, ove si è rilevato al punto 4, lett. b) del Protocollo addizionale che si dovrà tenere conto della specificità dell'ordinamento canonico, consistente nel fatto che l'ordinamento canonico non riguarda cittadini stranieri o anche solo una minoranza della popolazione italiana, ma riguarda, con riferimento alla scelta del matrimonio cattolico, la maggior parte della popolazione italiana", concludendo che "sussiste carenza di giurisdizione dei giudici dello Stato italiano a conoscere le domande di nullità del matrimonio concordatario"[70].

---

[69] In R. BOTTA, op. cit., p. 231
[70] Cfr. App. Civ. Firenze, sentenza 21 maggio 1999

5. Problematiche relative alla delibazione delle sentenze ecclesiastiche di nullità e considerazioni in merito alla problematica della sussistenza ovvero della fine della riserva di giurisdizione.

5.1 L'entrata in vigore della Legge n. 218/1995. Il nuovo regime e la sua inapplicabilità alle sentenza dei Tribunali Ecclesiastici

Con la Legge 31 maggio 1995, n. 218 di riforma del diritto internazionale privato, viene operata una sorta di rivoluzione nell'ordinamento giuridico italiano.

Questa normativa innova il riconoscimento in Italia delle sentenze straniere, riformando gli elementi fondamentali del Diritto Internazionale Privato rappresentati da: 1) la giurisdizione, 2) il diritto applicabile, 3) l'efficacia delle sentenze pronunciate dal giudice straniero.

Di fatto l'art. 64, nel prevedere una forma di riconoscimento automatico[71] delle sentenze pronunciate da autorità straniere, sostituisce tale meccanismo automatico al procedimento di delibazione delle sentenze previsto dagli artt. 796 e 797 del Codice di Procedura Civile.

La dottrina prevalente sostiene l'impossibilità di applicazione di detta normativa alle problematiche afferenti l'art. 8, parte seconda, del Nuovo Concordato e ciò per diverse motivazioni.

Innanzi tutto costituiscono elemento ostativo i principi di diritto positivo che si ricavano dal testo della Legge, in particolare quello sancito nell'art. 1, che prevede l'applicabilità della disciplina alle sentenze ed

---

[71]O. FUMAGALLI CARULLI, op. cit., P. 11

agli atti stranieri. Fra questi non rientrerebbero le sentenze dei Tribunali Ecclesiastici, non equiparabili a pronunce di giudici stranieri.

Motivazione di carattere letterale è fornita dall'art. 2 della Legge, che fa salvi gli effetti degli Accordi e delle Convenzioni che siano stati stipulati antecedentemente all'entrata in vigore della riforma, fra i quali rientra sicuramente il Nuovo Concordato.

E' stato altresì sostenuto che la Legge n. 121 del 1985 (ratifica degli Accordi di Villa Madama) nell'ordine gerarchico delle fonti si viene a trovare, a causa del carattere costituzionale delle norme in essa contenute, in una posizione di preminenza rispetto alla Legge n. 218 del 1995.

Dottrina e giurisprudenza prevalenti sono quindi schierati a favore dell'inapplicabilità delle norme della Legge n. 218 del 1995 alla materia concordataria.

Il paradosso che appare è il seguente: "sono efficaci in Italia in modo automatico le sentenze di paesi sconosciuti …(omissis)… spesso si tratta di ordinamenti ispirati a principi opposti ai nostri: si pensi ai principi islamici contrari alla parità tra uomo e donna. Le sentenze ecclesiastiche, invece, appartenenti all'ordinamento canonico, che lo Stato ben conosce e dal quale ha spesso mutuato riforme, continuano ad essere soggette ai controlli della Corte d'Appello"[72].

Procedendo con ordine dobbiamo osservare, preliminarmente, che la riforma del sistema italiano di diritto internazionale privato operata con la Legge n. 218 del 1995, prevede che le sentenze straniere, quando rispondano ai requisiti di cui all'art. 64 della legge citata, per essere eseguite in Italia non hanno bisogno di essere introdotte attraverso un procedimento di delibazione.

Il legislatore, con il D.P.R. 30 novembre 2000, n. 396, ha riformato le norme sullo stato civile.

---

[72] O. FUMAGALLI CARULLI, op. cit., p. 12

Queste nuove norme hanno differenziato nettamente il sistema di trascrizione e annotazione delle sentenze e degli atti stranieri riguardanti lo stato civile delle persone, comprese le sentenze sul matrimonio, dal sistema di trascrizione e annotazione delle sentenze ecclesiastiche di nullità del matrimonio[73].

Le sentenze straniere di nullità matrimoniale o di divorzio, una volta tradotte in lingua italiana in conformità con i disposti di cui all'art. 22 della citata legge 396/2000, possono essere trascritte o annotate nei registri dello stato civile senza previo giudizio di delibazione.

Regime diverso è previsto, invece, per le sentenze ecclesiastiche di nullità, facendo venire meno la parificazione tra sentenze straniere e sentenze ecclesiastiche introdotta dalla sentenza n. 18/1982 della Corte Costituzionale e ribadita dall'art. 8, comma 2, degli Accordi di Villa Madama.

Il procedimento di riconoscimento agli effetti civili della sentenza ecclesiastica di nullità si deve svolgere avanti alla Corte d'Appello competente per territorio ed il giudizio viene introdotto su domanda delle parti o di una di esse.

Occorre notare che, conseguentemente, la volontà delle parti, ovvero della parte interessata, è rilevante ai fini di far venire meno, con effetto retroattivo, la validità del matrimonio; la volontà di entrambe le parti è necessaria per far acquistare effetti civili al matrimonio, mentre la volontà di una sola di esse è necessaria per privare il matrimonio di tali effetti.

Questo regolamento è conforme con i princìpi di libertà religiosa, in quanto consente alle parti di tenere distinte le sorti del matrimonio canonico da quelle del rapporto civilistico di coniugio[74].

---

[73] F. FINOCCHIARO, op. cit., p. 493
[74] F. FINOCCHIARO, op. cit., p. 495

Presupposto processuale della domanda è che la sentenza ecclesiastica di nullità sia esecutiva.

Tale è la sentenza che è confermata in appello o da un decreto, ovvero da altra sentenza.

Il decreto di esecutività è pronunciato dal Supremo Tribunale della Segnatura Apostolica, che, secondo il Concordato del 1929, aveva funzione di attestazione della regolarità del procedimento avanti al tribunale ecclesiastico, nonché del rispetto del diritto di difesa delle parti; tutto ciò è, ora, di competenza della Corte d'Appello.

La Corte d'Appello deve, dunque, accertare a) l'esistenza e l'autenticità dei provvedimenti del tribunale ecclesiastico e del decreto di esecutività emesso dal Supremo Tribunale della Segnatura Apostolica, b) che il matrimonio dichiarato nullo era un matrimonio canonico trascritto a' sensi dell'art. 8, comma 1, degli Accordi del 1984, c) che il giudice ecclesiastico era quindi competente a giudicare sulla causa, d) che nel procedimento avanti al giudice ecclesiastico è stato garantito alle parti il diritto di agire e di resistere in giudizio in modo conforme ai principi fondamentali dell'ordinamento civile italiano, e) che ricorrono anche le altre condizioni richieste dalla legge italiana per la dichiarazione di efficacia delle sentenze straniere.

Considerando i disposti dell'art. 64 della Legge n. 218/1995, si può osservare che le lettere *a, b,c,* di detto articolo riguardano la competenza del giudice straniero ed il rispetto del diritto di difesa delle parti, quindi, l'esame di tali elementi è quello già previsto dall'art. 8, comma 2, dell'Accordo del 1984.

La lettera *d* dell'art. 64 richiede che la sentenza di cui è chiesta la delibazione sia passata in giudicato e, pertanto, l'esame di tale requisito coincide con quello circa l'esistenza e l'autenticità del decreto di esecutività emesso dal Supremo Tribunale della Segnatura Apostolica.

Le lettere *e* ed *f* dell'art. 64 riguardano l'esistenza di una sentenza del giudice italiano in contrasto con la sentenza del Tribunale ecclesiastico, o la pendenza di un giudizio avente oggetto medesimo e tra le stesse parti prima dell'esecutività della sentenza ecclesiastica.

La lettera *g* dell'art. 64 richiede che le disposizioni contenute nella sentenza ecclesiastica non producano effetti contrari all'ordine pubblico italiano.

Le sentenze ecclesiastiche di nullità relative a matrimoni celebrati in Italia tra cittadini prevalentemente italiani e provenienti da un ordinamento che costituisce una componente storica fondamentale della cultura giuridica occidentale, ampiamente conosciuto dal nostro legislatore e col quale quest'ultimo ha da sempre sistematici rapporti un base alla normativa concordataria, non possono acquisire efficacia in Italia se non attraverso un necessario preventivo giudizio volto ad accertare, tra l'altro, che esse – ben al di là dei loro effetti – non contengano disposizioni contrarie all'ordine pubblico italiano[75].

Secondo autorevole dottrina, la logica del nuovo sistema svuota di fondamento la tesi della fine della riserva di giurisdizione dei Tribunali Ecclesiastici.

Un cenno, seppur breve, merita il problema sollevato in merito al fatto che alcune Corti d'Appello, venendo incontro alle domande proposte dalle parti, hanno ritenuto di dover riconoscere agli effetti civili anche le dispense pontificie dal matrimonio rato e non consumato.

Ricordiamo, infatti, che la delibabilità è prevista solamente per le sentenze canoniche di nullità del matrimonio, con esclusione di quelle relative, appunto, al matrimonio rato e non consumato, peraltro, una ipotesi di divorzio prevista dall'ordinamento ecclesiastico.

---

[75] G. DALLA TORRE, op. cit., p. 198

Le pronunce sul matrimonio rato e non consumato sono in contrasto con l'ordinamento, infatti, sia le norme in merito dell'art. 34 del Concordato del 1929, sia l'art. 17 della legge matrimoniale n. 847/1929, che riconoscevano agli effetti civili a tali dispense, sono state dichiarate illegittime dalla Corte Costituzionale con la sentenza n. 18 del 1982.

La ragione consisteva nella definizione di "amministrativo" data al procedimento di dispensa proprio dal legislatore ecclesiastico e, quindi, privo di quelle garanzie del diritto di difesa in giudizio che invece sono proprie dei procedimenti giudiziali.

Il riconoscimento agli effetti civili alle dispense in parola, quindi, se non è *contra legem*, almeno si configura come *extra legem*.

La Corte d'Appello, mostrandosi di avviso contrario rispetto alla Consulta, ha ritenuto di configurare il procedimento di dispensa come giurisdizionale, attribuendo alla medesima il carattere di sentenza, riconoscibile come *straniera*, in base alle comuni norme processuali sul riconoscimento delle sentenze emesse dai giudici di altri Stati.

Tali norme, però, risultano del tutto inapplicabili al caso di specie, che si configura completamente al di fuori delle previsioni di cui all'art. 8, comma 2, degli Accordi del 1984[76].

5.2 Il limite dell'ordine pubblico al riconoscimento delle sentenze ecclesiastiche.

La sentenza della Corte Costituzionale 2 febbraio 1982, n. 18, ha introdotto il criterio del rispetto dell'ordine pubblico da parte della delibanda sentenza ecclesiastica, principio ripreso e sancito dagli Accordi di Villa Madama del 1984.

---

[76] F. FINOCCHIARO, op. cit., p. 506

L'attribuzione di efficacia alle pronunce canoniche di invalidità del vincolo è subordinata alla verifica del mancato contrasto delle stesse con l'ordine pubblico italiano, inteso come nucleo di principi che costituiscono l'essenza dell'ordinamento e risultano come tali irrinunciabili ed inderogabili[77].

Secondo la Corte l'accertamento è direttamente connesso al principio di sovranità dello Stato, cosicchè non sia possibile riconoscere effetti civili a quegli atti che contengano disposizioni contrastanti con i principi inderogabili di ordine pubblico, che la Consulta stessa definisce "le regole fondamentali poste dalla Costituzione e dalle leggi a base degli istituti giuridici in cui si articola l'ordinamento positivo nel suo perenne adeguarsi all'evoluzione della società"[78].

Il criterio così introdotto, inizialmente, è stato interpretato dalla Corte di Cassazione in senso restrittivo, cioè che "le sentenze ecclesiastiche sarebbero contrarie all'ordine pubblico italiano solo nei casi in cui contrastassero con i principi supremi dell'ordinamento costituzionale"[79]. Questa interpretazione restrittiva del contenuto dell'ordine pubblico è dovuta al fatto che la Corte di Cassazione ha ritenuto che, in ragione della copertura costituzionale goduta dalle norme pattizie (affermata dalla Corte Costituzionale nella sentenza n. 30 del 1971), esso non avesse a riguardare tutti i principi fondamentali posti dalla Costituzione e dalle leggi a base del matrimonio, ma solamente i supremi principi costituzionali.

Le Sezioni Unite della Suprema Corte hanno superato questa interpretazione restrittiva, richiamando la già riportata definizione contenuta

---

[77] M. CANONICO, Il riconoscimento delle sentenze ecclesiastiche di nullità matrimoniale, in www.statoechiese.it, Rivista telematica Stato, Chiese e pluralismo confessionale, settembre 2011, p. 30
[78] Sent. Corte Costituzionale, 2 febbraio 1982, n. 18
[79] Cfr. Cass. Civ. 15 maggio 1982, n. 3024

nella sentenza della Consulta n. 18 del 1982 e creando, in tal modo, una sorta di "ordine pubblico speciale, operante solo nei rapporti tra lo Stato e la Chiesa cattolica per quanto attiene alle vicende delle nullità matrimoniali (c.d. ordine pubblico concordatario)"[80], che viene a porsi come un *tertium genus*, non essendo, il contenuto del limite, rappresentato né dai supremi principi dell'ordinamento costituzionale, né dai principi dell'ordine pubblico internazionale.

La Suprema Corte, in particolare, ha affermato che "ai fini della dichiarazione di esecutività, non ha portata impeditiva una pur rilevante differenza di disciplina fra le cause di nullità del matrimonio considerate nei due ordinamenti, che non superi quel livello di maggior disponibilità tipico dei rapporti tra Stato e Chiesa cattolica"[81].

Successivamente sempre le Sezioni Unite della Suprema Corte hanno avuto modo di definire più precisamente il concetto di "maggior disponibilità", che troverebbe il proprio fondamento nel riconoscimento che "lo Stato Italiano ha dapprima riconosciuto e poi recepito nell'ordinamento il sistema matrimoniale canonico, comprensivo non solo delle norme che disciplinano la costituzione del vincolo, ma anche di quelle che ne regolano il venir meno"[82], affermazione che si pone, però, "in contrasto con la giurisprudenza costituzionale: il diritto matrimoniale della Chiesa, infatti, non è stato recepito dall'ordinamento dello Stato che si è solo obbligato, con il Concordato, a riconoscere al matrimonio canonico gli stessi effetti del matrimonio civile"[83].

Sulla scorta del criterio della maggiore disponibilità, interpretato alla luce della specificità dell'ordinamento canonico dal quale è regolato il

---

[80] N. MARCHEI, *La giurisdizione dello Stato sul matrimonio concordatario tra legge e giudice*, Torino 2008, p. 60

[81] Cass. Civ. SS.UU. 1° ottobre 1982, n. 5026

[82] Cass. Civ. SS.UU. 20 luglio 1988, n. 4700

[83] Corte Cost. sent. 1° luglio 1971, n. 169, cit. in N. MARCHEI, op. cit., p. 62

vincolo matrimoniale di cui, per espressa indicazione del legislatore, è necessario tenere conto, la quasi totalità delle sentenze ecclesiastiche sono, di fatto, riconosciute dalla Corte d'Appello[84].

Infatti, a parte le ipotesi dei cosiddetti impedimenti tipicamente confessionali, in cui la nullità deriva da situazioni particolari che non trovano riscontro nell'ordinamento civile, negli altri casi di invalidità del vincolo previsti dalla normativa canonica la giurisprudenza italiana ritiene in linea di massima che non siano ravvisabili ragioni di contrasto con l'ordine pubblico[85].

In dottrina e giurisprudenza ha fatto discutere il problema della cosiddetta simulazione unilaterale, in particolare l'ipotesi della sentenza ecclesiastica di nullità del matrimonio canonico trascritto, pronunciata per simulazione unilaterale, più precisamente per esclusione di uno o più elementi essenziali del vincolo canonico di cui al can. 1101 Codex Iuris Canonici che dispone che *"il consenso interno dell'animo si presume conforme alle parole o ai segni adoperati nel celebrare il matrimonio. Ma se una o entrambe le parti escludono con un positivo atto di volontà il matrimonio stesso, oppure un suo elemento essenziale o una sua proprietà essenziale, contraggono invalidamente"*.

I contrasti giurisprudenziali e dottrinali in merito nascono dalla differenza di disciplina della simulazione, per quanto riguarda il matrimonio, nell'ambito rispettivamente del diritto civile (art. 123 Cod. Civ.) e del diritto canonico (can. 1101 C.I.C.).

Infatti, mentre il Codice Civile dà rilievo al solo accordo simulatorio dei nubendi e prevede che il matrimonio non possa più essere impugnato decorso un anno dalla celebrazione ovvero nel caso di instaurazione della convivenza coniugale, per il diritto canonico il matrimonio è nullo

---

[84] N. MARCHEI, op. cit., p. 63
[85] Cfr. M. CANONICO, op. cit., p. 31

anche se l'esclusione sia unilaterale e l'azione di nullità è come sempre imprescrittibile[86].

La suprema Corte ha quindi negato, per superamento del livello di maggiore affidabilità, il riconoscimento della sentenza nelle ipotesi in cui il coniuge che avesse escluso uno o più degli elementi essenziali del matrimonio non ne avesse dato notizia all'altro, mentre il principio del rispetto dell'ordine pubblico non risulterebbe leso qualora il coniuge incolpevole avesse conosciuto le intenzioni dell'altro, pur essendone anche in disaccordo.

Successivamente la Suprema Corte ha attenuato l'inderogabilità del principio, dapprima, attribuendo rilievo non più all'effettiva *conoscenza*, ma alla semplice *conoscibilità* della riserva dell'altro coniuge, nonché attribuendo rilievo al comportamento processuale dello stesso, per giungere, in seguito, con la sentenza 14 novembre 1984, n. 5749, a sconfessare il rilievo attribuito all'atteggiamento processuale del coniuge in buona fede nel procedimento di delibazione delle sentenze ecclesiastiche, sostenendo essere l'irrilevanza della riserva mentale un principio di ordine pubblico la cui incidenza nel giudizio di delibazione resta completamente sottratta alla disponibilità delle parti e all'iniziativa da esse assunta[87].

La questione è stata definitivamente risolta dalle Sezioni Unite della Suprema Corte con la sentenza 6 dicembre 1985, n. 6129, che hanno considerato il principio della tutela dell'affidamento incolpevole con riferimento "ad un valore individuale che appartiene alla sfera di disponibilità del soggetto. Ne deriva che l'indicato ostacolo alla delibazione non può essere ravvisato quando il coniuge (che ignorava o non poteva conoscere il vizio del consenso dell'altro coniuge) chieda la declaratoria

---

[86] N. MARCHEI, op. cit., p. 63
[87] N. MARCHEI, op. cit., p. 65

di esecutività della sentenza ecclesiastica da parte della Corte d'Appello, ovvero non si opponga a tale declaratoria".

La giurisprudenza sul punto è rimasta costante fino ad oggi, ed esso costituisce, di fatto, l'unico limite al riconoscimento delle sentenze ecclesiastiche in relazione alla contrarietà all'ordine pubblico[88].

Con la sentenza 14 giugno 2008, n. 19809, Le Sezioni Unite della Corte di Cassazione introducono una distinzione fra sentenza di uno Stato membro dell'Unione Europea e sentenza ecclesiastica eseguibili in Italia, relativamente alla compatibilità con l'ordine pubblico italiano e sembra diano maggiore elasticità di compatibilità alla sentenza ecclesiastica, in ragione della "specificità" del rapporto esistente tra la Chiesa Cattolica e lo Stato Italiano.

Apparentemente le Sezioni Unite sembrano favorire la delibabilità delle sentenze ecclesiastiche nel restringere le incompatibilità con l'ordine pubblico interno italiano a quelle "assolute", senza che sia agevole comprendere quali siano le "assolute", dal momento che la Corte, nell'enumerarne, fa assurgere ad "assoluta incompatibilità" tutti quei vizi che siano difformi o non riconosciuti tali da quelli disciplinati dall'ordinamento civile italiano.

L'incompatibilità con l'ordine pubblico interno, secondo la Suprema Corte, deve essere qualificata come "relativa", quando le statuizioni della sentenza ecclesiastica possano far individuare una fattispecie almeno assimilabile a quelle interne con effetti simili, eventualmente con l'integrazione di fatti emergenti dal riesame di essa da parte del giudice civile, anche qualora si tratti di circostanze ritenute irrilevanti per la decisione canonica.

Sarà quindi ancora una volta il giudice, parametrando e ricostruendo secondo contenuti desunti da fattispecie di diritto interno, a determinare

---

[88] N. MARCHEI, op. cit., p. 67

se la incompatibilità sia relativa o assoluta e, quindi, la sentenza sia dichiarabile eseguibile in Italia[89].

Altro problema è rappresentato dalla prolungata convivenza dei coniugi successiva alla celebrazione del matrimonio dichiarato nullo per simulazione anche di uno solo di essi.

Nel diritto canonico, a causa del carattere di centralità assunto dalla purezza del consenso, la nullità del matrimonio, contratto in violazione del can. 1101 C.I.C., può essere sempre fatta valere, essendone la relativa azione imprescrittibile in re ipsa, anche dopo molti anni di convivenza ed in presenza di condizioni di stabile comunione di vita.

La Corte di Cassazione ha interpretato la convivenza dei coniugi, successiva alla celebrazione del matrimonio, come "instaurazione del matrimonio-rapporto, con la pienezza della convivenza morale e materiale dei coniugi, ragione preclusiva ad ogni possibilità di far valere vizi simulatori del matrimonio-atto" e che "va annoverata nell'ambito delle regole e principi essenziali dell'ordinamento statuale"[90].

Pertanto, una volta realizzata la comunione morale e materiale, ai coniuge non rimanevano che i rimedi offerti dalla legge per il venir meno della stessa.

La sentenza 20 luglio 1988, n. 4700 pronunciata dalle Sezioni Unite della Suprema Corte ha determinato un orientamento che è rimasto nel tempo costante, rilevando che l'imprescrittibilità dell'azione canonica non contrasta con l'ordine pubblico italiano e la sentenza ecclesiastica può essere riconosciuta agli effetti civili anche se dichiara la nullità di un matrimonio durato molti anni in una stabile comunione di vita[91].

---

[89] N. BARTONE, Pronunciato incostituzionale sulla (in)delibabilità ecclesiastica della Corte di Cassazione Sezioni Unite, in www.statoechiese.it, Rivista telematica Stato, Chiese e Pluralismo confessionale, ott. 2008, p. 7-8
[90] Cass. Civ., 3 luglio 1987, n. 5823
[91] N. MARCHEI, op. cit., p. 72

Di recente, nello scenario delle delibazioni delle sentenze ecclesiastiche di nullità del matrimonio, è intervenuta una pronuncia della Corte di Cassazione, la sentenza 20 gennaio 2011, n. 1343, che, innovando rispetto alla precedente consolidata giurisprudenza, ha ravvisato nella prolungata convivenza dei coniugi motivo di contrasto con l'ordine pubblico, elemento ostativo al riconoscimento in sede civile della pronuncia canonica di nullità del matrimonio[92].

La Corte ritiene infatti "ostativa alla delibazione della sentenza ecclesiastica di nullità del matrimonio, pronunciata a motivo del rifiuto della procreazione, sottaciuto da un coniuge all'altro, la loro particolarmente prolungata convivenza" che "riferita a date situazioni invalidanti dell'atto di matrimonio, è considerata espressiva di una volontà di accettazione del rapporto che ne è seguito e con questa volontà è incompatibile il successivo esercizio della facoltà di rimetterlo in discussione, altrimenti riconosciuta dalla legge".

Si osserva che il principio introdotto da tale decisione vale a limitare fortemente quel riconoscimento delle sentenze ecclesiastiche, che per lo Stato costituisce un preciso impegno concordatario, e il far dipendere l'efficacia civile della pronuncia di invalidità del vincolo dalla mancata prolungata convivenza successiva al matrimonio stesso significa negare la possibilità di riconoscimento per sentenze di nullità che intervengano a distanza di anni dalla celebrazione, mentre desta perplessità l'indeterminatezza dell'enunciazione, dal momento che la sentenza n. 1343/2011 non specifica, a proposito del concetto di prolungata convivenza, quanto temporalmente debba la medesima essersi protratta per integrare profili di ordine pubblico[93].

---

[92] Cfr. Cass. Civ. 20 gennaio 2011, n. 1343
[93] M. CANONICO, La convivenza coniugale come ostacolo al riconoscimento delle nullità matrimoniali canoniche: la Cassazione fornisce precisazioni ma le incertezze aumen-

Successivamente a quella appena descritta, intervengono altre recentissime pronunce della Cassazione.

Con la sentenza 8 febbraio 2012, n. 1780, la Suprema Corte dopo aver richiamato la pronuncia (sentenza 20 gennaio 2011, n. 1343) che ha riconosciuto la rilevanza della convivenza coniugale in tema di ordine pubblico, introduce un'importantissima precisazione nel senso che, "pur meritando adesione l'indirizzo giurisprudenziale sopra citato, con la distinzione concettuale ad esso sottesa tra matrimonio-atto e matrimonio-rapporto, si deve ritenere che esso trovi applicazione nei casi in cui, dopo il matrimonio nullo, tra i coniugi si sia instaurato un vero consorzio familiare e affettivo, con superamento implicito della causa originaria di invalidità", conseguentemente "in tale ricostruzione interpretativa, il limite dell'ordine pubblico postula che non di mera coabitazione materiale sotto lo stesso tetto si sia trattato, bensì di vera e propria convivenza significativa di un'instaurata affectio familiae ... tale da dimostrare l'instaurazione di un matrimonio-rapporto duraturo e radicato, nonostante il vizio genetico del matrimonio-atto". In questa prospettiva il mero dato temporale della durata della convivenza diviene di per se stesso insufficiente ad integrare la causa di ordine pubblico ostativa al recepimento della pronuncia ecclesiastica[94].

Questo riposizionamento della giurisprudenza sulla materia della delibazione delle sentenze ecclesiastiche di nullità matrimoniale non poteva, certamente, incontrare il favore della Chiesa, tant'è che la Santa Sede, attraverso un editoriale *sull'Osservatore Romano* dell'11 febbraio 2012, ha affermato che "certi orientamenti della giurisprudenza ... rischiano di svuotare di contenuto l'art. 8 del Concordato".

---

tano, in www.statoechiese.it, Rivista telematica Stato, Chiese e pluralismo confessionale, marzo 2012, p. 4
[94] M. CANONICO, articolo cit., p. 6

Appare fin troppo chiaro che gli orientamenti di cui parla il Vaticano altri non possano essere se non quelli recentemente espressi dalla Corte di Cassazione, con la sentenza n. 1343 del 20 gennaio 2011, sul carattere ostativo alla delibazione della sentenza canonica di nullità matrimoniale rivestito dalla convivenza dei coniugi dopo il matrimonio "particolarmente prolungata".

La giurisprudenza, nel conferire la giusta rilevanza al matrimonio-rapporto al fine di configurare correttamente l'ordine pubblico inderogabile, considera, ormai, "la realizzazione tipica costituita dalla convivenza o coabitazione spesso per un certo periodo di tempo, come fatto convalidante la volontà espressa all'atto della celebrazione del matrimonio e ostativo, per l'ordine pubblico italiano, a far rilevare l'invalidità del consenso del matrimonio in sede giurisdizionale".

Questo orientamento era già stato espresso nella sentenza n. 3339 del 2003 e consolidato dalle Sezioni Unite.

L'Osservatore Romano oppone che in questo modo non si tiene affatto conto della "specificità dell'ordinamento canonico dal quale è regolato il vincolo matrimoniale, che in esso ha avuto origine", richiamata esplicitamente dagli Accordi di Villa Madama del 1984.

Tuttavia ciò non è del tutto vero, perché, in realtà, le Sezioni Unite ne avevano tenuto conto, stabilendo, però, che la specificità dell'ordinamento canonico "non può assumere rilievo a far conoscere fattispecie alle quali, per i principi cogenti del nostro ordinamento, è vietato comunque produrre effetti simili a quelli delle sentenze di cui si chiede il riconoscimento in Italia".

Secondo la Santa Sede, invece, dalla specificità dell'ordinamento canonico deriverebbe un preciso impegno dello Stato consistente nel "dare efficacia alle sentenze canoniche, dovendo restare i casi di non delibabilità una eccezione e non la regola".

L'attacco sferrato dalla Santa Sede con l'articolo dell'11 febbraio 2012 non è che l'ultimo di una lunga serie, che, però, ha alzato il livello dello scontro fino a quello del Concordato, facendo emergere ancora una volta il disagevole rapporto della Chiesa con la fonte del costituzionalismo moderno[95].

La puntualizzazione introdotta dalla sentenza n. 1780/2012 viene, seppure più sommariamente, ribadita dalla sentenza 15 giugno 2012, n. 9844, che, sostanzialmente, si allinea con essa e richiama gli argomenti contenuti nella sentenza n. 1343 del gennaio 2011[96].

La sentenza del 4 giugno 2012, n. 8926, dopo aver richiamato i princìpi affermati dalle Sezioni Unite con la sentenza n. 4700/1988, ricostruisce le evoluzioni della giurisprudenza sulle principali questioni in materia di delibazione delle sentenze ecclesiastiche, fra le quali la fine della riserva di giurisdizione dei Tribunali ecclesiastici, conclude affermando che "la convivenza tra i coniugi successiva alla celebrazione del matrimonio non è espressiva delle norme fondamentali che disciplinano l'istituto e, pertanto, non è ostativa, sotto il profilo dell'ordine pubblico interno, alla delibazione della sentenza ecclesiastica di nullità del matrimonio canonico…".

Quanto affermato risulta un principio in netta contrapposizione con quanto sostenuto nelle pronunce nn. 1343/2011 – 1780/2012 – 9844/2012[97].

---

[95] N. COLAIANNI, *Un 11 febbraio particolare: Chiesa contro giudici?*, in www.staoechiese.it Rivista telematica Stato, Chiese e Pluralismo confessionale, febbraio 2012, p. 6

[96] G. MIOLI, *La convivenza coniugale quale elemento ostativo alla delibazione della sentenza ecclesiastica di nullità matrimoniale alla luce delle recenti evoluzioni giurisprudenziali*, in www.statoechiese.it, Rivista telematica Stato, Chiese e pluralismo confessionale, ottobre 2012, p. 6

[97] G. MIOLI, op. cit. p. 10

5.3 La litispendenza ed il contrasto di giudicati in relazione alle pronunce di nullità del matrimonio.

A seguito dell'entrata in vigore degli Accordi di Villa Madama del 1984 la diarchia giurisdizionale di Stato e Chiesa sul matrimonio canonico trascritto è stata accresciuta[98], poiché le norme in essi contenute hanno finito per riconoscere al giudice italiano una posizione di forza nella materia de qua, che il Concordato del 1929 non prevedeva.

E' stato quindi inevitabile il sorgere di contrasto di giudicati e di litispendenza tra l'ordinamento ecclesiastico e l'ordinamento civile, previsti ora dall'art. 64, lett. e) e lett. f) della legge 218 del 1985.

Tali situazioni si verificano nei rapporti tra due ordinamenti diversi e, conseguentemente, non possono essere valutati con gli stessi criteri che si adottano per quelle che si verificano all'interno dello stesso ordinamento.

Infatti, mentre l'uniformità dei criteri normativi contenuti nel medesimo ordinamento consentono di accertare l'esatta corrispondenza di *petitum* e di *causa petendi* relativi a due giudizi pendenti fra le stesse parti, altrettanto non si può avere nei rapporti fra ordinamenti diversi, dove la determinazione di *petitum* e *causa petendi* segue criteri diversi, essendo diverse le qualificazioni giuridiche dei diversi ordinamenti (si pensi alle divergenze esistenti fra diritto canonico e diritto civile in merito alle cause di nullità e di scioglimento del matrimonio).

In relazione all'art. 64, lett. e) della legge 218/1995, il riconoscimento delle sentenze ecclesiastiche può essere escluso dall'esistenza di una sentenza di divorzio o di invalidità della trascrizione civile del matrimonio canonico, pronunciata dal giudice civile e passata in giudicato.

---

[98] F. FINOCCHIARO, op. cit., p. 489

Diverso è il caso contemplato dalla lett. f) della medesima norma, ovvero la pendenza davanti al giudice civile di una causa avente il medesimo oggetto di quella decisa dal giudice ecclesiastico.

Dal momento che il giudice ecclesiastico pronuncia sul *presupposto*, mentre il giudice civile pronuncia sulla validità del procedimento che ha introdotto quel *presupposto* nell'ordinamento dello Stato, potrebbe apparire diverso l'oggetto dei due giudizi.

In realtà così non è, perché l'oggetto del giudizio, a' sensi dell'art. 64, lett. f) si ricava considerando che in entrambi i casi l'oggetto finale del giudizio, per l'ordinamento civile, è l'assetto dei rapporti coniugali fra le parti agli effetti civili, che possono venire meno sia per mezzo del riconoscimento della sentenza ecclesiastica di nullità del matrimonio canonico, sia con la pronuncia di nullità o annullamento della trascrizione o divorzio disposta dal giudice civile; la fine del rapporto coniugale è, infatti, l'oggetto di ognuno di questi giudizi.

Conseguentemente, sia il giudicato civile, sia la pendenza del giudizio avanti al giudice civile ed avente il medesimo oggetto, entrambe situazioni impeditive dell'esecutorietà di una sentenza ecclesiastica, concernono la validità della trascrizione, la cui definizione importa il venir meno degli effetti civili a decorrere dal momento della celebrazione del matrimonio. Il riconoscimento della sentenza canonica di nullità del matrimonio determinerebbe una situazione inammissibile di *bis in idem*[99].

Difficoltà genera, invece, il rapporto fra il giudizio (civile) sul divorzio e la sentenza canonica di nullità, perché la sentenza di divorzio spiega effetti ex nunc, mentre con il riconoscimento della sentenza ecclesiastica gli effetti civili cessano con effetto retroattivo, ovvero a decorrere dalla data di celebrazione del matrimonio.

---

[99] F. FINOCCHIARO, op. cit., p. 490

In questo caso si rinviene una incompatibilità logica fra i due giudicati, perché la sentenza di divorzio è pronunciata sul presupposto di validità della trascrizione e della volontà degli effetti civili, mentre il riconoscimento della sentenza canonica di nullità travolgerebbe sia l'una che l'altra.

E' lecito affermare, pertanto, che il giudicato civile copre il dedotto ed il deducibile, pertanto, l'attore in un giudizio di divorzio, avendo scelto questa strada, si vede preclusa quella del riconoscimento dell'eventuale sentenza ecclesiastica di nullità, mentre il convenuto nello stesso giudizio ha l'onere di sollevare, in quella sede, l'eventuale questione di validità della trascrizione ed ha, anch'egli, preclusa la strada del riconoscimento di una sentenza canonica di nullità.

La giurisprudenza, analizzando il problema in relazione agli Accordi del 1984 e ritenendo che questi abbiano fatto venire meno la riserva di giurisdizione, ha rilevato che la pendenza di un giudizio di divorzio comporta, sia pure solo in via incidentale, la devoluzione alla giurisdizione civile della questione di validità del vincolo, con la conseguenza che la pendenza del giudizio civile, se non esclude il riconoscimento della sentenza canonica di nullità, comporta che tale riconoscimento non determina la cessazione della materia del contendere nel processo divorzile.

Viceversa, il passaggio in giudicato della sentenza che dichiari l'efficacia, all'interno dell'ordinamento civile, della pronuncia canonica di nullità di un matrimonio concordatario, comportando il venir meno del vincolo coniugale, travolge ogni altra controversia che abbia il proprio presupposto nell'esistenza e nella validità del vincolo matrimoniale e, quindi, determina la cessazione della materia del contendere del processo di divorzio radicato successivamente al procedimento di delibazione della sentenza ecclesiastica[100].

In dottrina, comunque, le opinioni sull'argomento hanno seguito sia la tesi abrogazionista della riserva di giurisdizione ecclesiastica, sia la tesi della sua permanenza.

I sostenitori dell'abrogazione, forti anche della sentenza della Cassazione n. 1824/1993, che ha affermato la concorrenza fra le giurisdizioni, risolta secondo il criterio della prevenzione, hanno riconosciuto la possibilità di adire il tribunale civile anche per un pronunciamento sulla nullità dell'atto matrimoniale.

I sostenitori della permanenza della riserva, invece, fondando i propri convincimenti sulla sentenza della Corte Costituzionale n. 421/1993, secondo la quale la competenza del giudice civile avrebbe per oggetto la sola efficacia civile del matrimonio-rapporto, hanno ritenuto che le due pronunce non avrebbero il medesimo oggetto, in quanto la giurisdizione ecclesiastica, pronunciando sul matrimonio-atto, ha per oggetto la sua validità, mentre la giurisdizione civile, pronunciando sul matrimonio-rapporto, ne ha per oggetto gli effetti.

Tema importante cui è necessario fare un breve accenno nell'ambito del sistema di riconoscimento delle sentenze ecclesiastiche di nullità matrimoniale, in seguito alla revisione operata dagli accordi di Villa Madama del 1984, in considerazione anche dei nuovi poteri riconosciuti alla Corte d'Appello in sede di delibazione, è la possibilità attribuitale di emettere provvedimenti economici provvisori a favore del coniuge "economicamente" più debole.

Quest'ultimo, infatti, una volta riconosciuta agli effetti civili una sentenza ecclesiastica di nullità del matrimonio, non è sufficientemente garantito dagli artt. 129 e 129 bis del Codice Civile, mentre con il divorzio

---

[100] F. FINOCCHIARO, op. cit., p. 492

avrebbe diritto al miglior trattamento previsto dagli artt. 5 e segg. della Legge 1° dicembre 1970, n. 898, così come modificata dalla Legge 5 marzo 1987, n. 74[101].

La Corte d'Appello può disporre in favore di uno dei coniugi, nei confronti di quello economicamente più debole, il versamento di una somma proporzionale alle sostanze dell'altro coniuge, per un periodo non superiore a tre anni e qualora i coniugi siano entrambi in buona fede.

Qualora, invece, sia accertata la malafede di uno dei coniugi, l'art. 129 bis dispone che il coniuge cui è imputabile la nullità del matrimonio dovrà corrispondere all'altro una congrua indennità, anche in carenza della prova del danno sofferto, che deve corrispondere ad una somma pari al mantenimento per il periodo di tre anni. Inoltre sarà, comunque, tenuto a corrispondere gli alimenti al coniuge in buona fede.

Parte della dottrina ritiene tale impostazione comunque insufficiente in relazione alle migliori garanzie offerte dal regime del divorzio.

Poiché tale descritta differenziazione di trattamento non è derivante da norme concordatarie, le SS.UU. della Corte di Cassazione hanno autorevolmente proposto al legislatore di assimilare, nei limiti del possibile e tenuto conto della diversità delle situazioni, gli effetti della nullità del matrimonio a quelli del divorzio.

Questa prospettata modifica legislativa "indurrebbe a ricorre al giudice ecclesiastico solo coloro che, come *cives fideles*, avvertono nella loro coscienza il peso di un sacramento non voluto" e non quanti "attualmente, invocano la nullità del matrimonio per liberarsi di ogni responsabilità patrimoniale nei confronti del proprio coniuge"[102].

---

[101] F. FINOCCHIARO, op. cit., p. 504
[102] Cass. Civ. SS.UU., 20 luglio 1988, n. 4700

Anche la Corte Costituzionale è intervenuta sull'argomento; con la sentenza n. 329/2001 ha affermato che la diversità strutturale del divorzio e della nullità del matrimonio vale di per sé ad escludere la violazione dell'art. 3 della Costituzione, sotto il profilo della disparità di trattamento, in quanto, a cagione di essa, non è costituzionalmente necessario che le situazioni di declaratoria della nullità canonica debbano ricevere lo stesso trattamento che l'ordinamento assegna alla disciplina delle conseguenze patrimoniali della cessazione degli effetti civili del matrimonio concordatario.

Tuttavia, la Corte Costituzionale ha evidenziato che, tanto nell'ipotesi della nullità, quanto in quella del divorzio, è possibile che dal matrimonio sia derivata l'instaurazione fra i coniugi di una consolidata comunione di vita.

Spetta, pertanto, unicamente al legislatore e salvo il sindacato di costituzionalità il potere di modificare il vigente sistema nella direzione di un accostamento tra la disciplina della nullità del matrimonio concordatario e quella della cessazione degli effetti civili conseguenti alla sua trascrizione, per effetto del divorzio[103].

Questa parificazione risulterebbe ancora più importante sia sotto il profilo giuridico, sia sotto quello morale, perché, in tal modo, scomparirebbe il mal costume di richiedere una sentenza che dichiari la nullità del matrimonio concordatario solo per rinnegare un vincolo mai voluto e del quale ci si vuole sbarazzare, senza patire gravi conseguenze di carattere patrimoniale.

---

[103] F. FINOCCHIARO, op. cit., p. 505

5.4 Conclusioni.

In conclusione, la considerazione di fondo che emerge è che, mentre nella vigenza delle norme del Concordato del 1929 la presenza della riserva esclusiva di giurisdizione dei Tribunali ecclesiastici in materia di nullità matrimoniale non creava dubbi né in dottrina, né in giurisprudenza, altrettanto non si può dire della situazione attuale.

A decorrere dall'entrata in vigore della Costituzione Repubblicana ed anche successivamente agli Accordi di Villa Madama, infatti, si è venuta a determinare una notevole incertezza sulla materia matrimoniale in relazione alla permanenza o meno dell'istituto.

Tutto ciò ha contribuito a rendere più incerti, sotto il profilo morale, i già difficili rapporti giuridici che involgono una materia che trae la sua origine nella sfera spirituale della persona, in un'epoca caratterizzata da una grave crisi etica, dovuta al superamento forzoso dei valori fondamentali della persona a causa della globalizzazione ed anche ad una sempre maggiore estensione dei rapporti umani verso popolazioni con ideologie religiose differenti.

Tuttavia, dall'analisi delle opinioni dottrinarie prevalenti e nonostante la contraria giurisprudenza della Corte di Cassazione, è possibile considerare come l'istituto della riserva di giurisdizione esclusiva a favore dei Tribunali ecclesiastici tuttora, per ragioni anche di tipo politico, sia presente nel nostro ordinamento, forse ancora a salvaguardia, quale ultimo baluardo, delle tradizioni cattoliche del nostro paese.

BIBLIOGRAFIA

A. ALBISETTI, *Il diritto ecclesiastico nella giurisprudenza della Corte Costituzionale*, Milano, 2010

A. BANFI, *Habent Illi iudices suos*, Milano, 2005

N. BARTONE, *Pronunciato incostituzionale sulla (in)delibabilità ecclesiastica della Corte di Cassazione Sezioni Unite*, Rivista telematica Stato, Chiese e pluralismo confessionale, 2008

R. BOTTA, *Materiali di diritto ecclesiastico – Matrimonio religioso e giurisdizione dello Stato*, Bologna, 1997

R. BOTTA, *Il diritto ecclesiastico "vivente" nella giurisprudenza della Corte di Cassazione*, Rivista telematica Stato, Chiese e pluralismo confessionale, 2012

M. CANONICO, *Il riconoscimento delle sentenze ecclesiastiche di nullità matrimoniale*, Rivista telematica Stato, Chiese e pluralismo confessionale, 2011

M. CANONICO, *La convivenza coniugale come ostacolo al riconoscimento delle nullità matrimoniali canoniche*, Rivista telematica Stato, Chiese e pluralismo confessionale, 2012

C. CARDIA, *La Chiesa tra storia e diritto*, Torino, 2010

N. COLAIANNI, *Un 11 febbraio particolare: Chiesa contro giudici?*, Rivista telematica Stato, Chiese e pluralismo confessionale, 2012

G. DALLA TORRE, *Lezioni di Diritto Ecclesiastico*, Bologna, 1986

G. DALLA TORRE, *Lezioni di Diritto Ecclesiastico*, Torino, 2011

F. FINOCCHIARO, *Diritto Ecclesiastico, 10^ edizione*, Torino, 2009

O. FUMAGALLI CARULLI, *Libertà religiosa e riserva di giurisdizione della Chiesa sui matrimoni concordatari: sentenze canoniche e ordinamento civile,* Rivista telematica Stato, Chiese e pluralismo confessionale, 2011

O. FUMAGALLI CARULLI, *Società civile e religiosa a vent'anni dal Concordato: il matrimonio* – Relazione tenuta al convegno di studi "Società civile e religiosa a vent'anni dal Concordato" – Università Cattolica del Sacro Cuore di Milano, 2005

N. MARCHEI, *La giurisdizione dello Stato sul matrimonio concordatario tra legge e giudice*, Torino, 2008

G. MIOLI, *La convivenza coniugale quale elemento ostativo alla delibazione della sentenza ecclesiastica di nullità matrimoniale alla luce delle recenti evoluzioni giurisprudenziali*, Rivista telematica Stato, Chiese e pluralismo confessionale, 2012

P. MONETA, *Il matrimonio nullo nel diritto canonico e concordatario*, Bari, 2008

GIURISPRUDENZA

Corte Costituzionale, sentenza 1° marzo 1971, n. 30

Corte Costituzionale, sentenza 1° luglio 1971, n. 169

Corte Costituzionale, sentenza 11 dicembre 1973, n. 175

Corte Costituzionale, sentenza 2 febbraio 1982, n. 18

Corte Costituzionale, sentenza 29 novembre 1993, n. 421

Corte Costituzionale, sentenza 24 settembre 2001, n. 329

Cass. Civ. Sez. Un. 1° ottobre 1982, n. 5026

Cass. Civ. Sez. Un. 2° luglio 1988, n. 4700

Cass. Civ. Sez. Un. 13 febbraio 1993, n. 1824

Cass. Civ. Sez. Un. 14 giugno 2008, n. 19809

Cass. Civ. sez. I 15 maggio 1982, n. 3024

Cass. Civ. sez. I 14 novembre 1984, n. 5749

Cass. Civ. sez. I 6 dicembre 1985, n. 6129

Cass. Civ. sez. I 3 luglio 1987, n. 5823

Cass. Civ. sez. I 18 aprile 1997, n. 3345

Cass. Civ. sez. I 16 novembre 1999, n. 12671

Cass. Civ. sez. I 20 gennaio 2011, n. 1343

Cass. Civ. sez. I 8 febbraio 2012, n. 1780

Cass. Civ. sez. I 4 giugno 2012, n. 8926

Cass. Civ. sez. I 15 giugno 2012, n. 9844

App. Civ. Torino 29 aprile 1994, n. 551

App. Civ. Firenze 21 maggio 1999

Youcanprint
Finito di stampare nel mese di aprile 2019